容安齋蘇談

〔明〕白胤昌 著

〔清〕康熙刊本

江蘇大學出版社
JIANGSU UNIVERSITY PRESS
鎮江

圖書在版編目（CIP）數據

容安齋蘇談 / (明) 白胤昌著 . — 影印本 . — 鎮江 : 江蘇大學出版社 , 2018. 5
I SBN 978- 7- 5684- 0818- 9

Ⅰ . ①容… Ⅱ . ①白… Ⅲ . ①筆記－中國－明代 Ⅳ . ① K248. 066

中國版本圖書館 CIP 數據核字 (2018) 第 122427 號

容安齋蘇談

著　　者/［明］白胤昌
責任編輯/周凱婷
出版發行/江蘇大學出版社
地　　址/江蘇省鎮江市夢溪園巷 30 號（郵編：212003）
電　　話/0511-84446464（傳真）
網　　址/http://press.ujs.edu.cn
印　　刷/北京虎彩文化傳播有限公司
開　　本/850mm×1168mm　1/16
總 印 張/19.25
總 字 數/72 千字
版　　次/2018 年 5 月第 1 版　2018 年 5 月第 1 次印刷
書　　號/ISBN 978-7-5684-0818-9
定　　價/900.00 元

如有印裝質量問題請與本社營銷部聯繫（電話：0511-84440882）

出版説明

人是一種會思想的動物，無論是爲了適應環境，克服生存的困難，抑或爲了生活得更有意義，思想皆不可或缺。在一般的中文習慣中，思想的涵義比『哲學』更寬泛，這種語用習慣的差异，也影響到學者對學術視野的選擇。一般而論，思想史的範圍也較哲學史爲廣闊，雖然很少得到清晰地界定，但它不失爲一種有效的學術視野。

在近代中國學術史上，思想史研究的興起與哲學史大約同時。一九〇二年三月，梁任公在其創辦的《新民叢報》上連續發表了《論中國學術思想變遷之大勢》系列論文，這可能是最早由國人撰著發表的思想史論文。而第一本由國人撰寫的中国古代哲學通史，則爲一九一六年謝無量的《中國哲學史》。這兩本早期著述有其學術史的意義，但其中對學科的性質與研究方法等多無明確的説明。事實上，無論是學者的闡述，還是其實際的操作，在思想史與哲學史之間都不易劃出清晰的界限，直到當代也仍然如此。拋開細節不論，就語用習慣及有關實踐而言，思想史表徵一種對歷史文化廣闊而深入的關照，其研究方法，關注的問題，都較哲學史爲多元，史料基礎也不可同日而語。尤其是在郭沫若、侯外廬等人建立起來的研究傳統中，思想史有明确的社會史取向，或因其與傳統的文史之學有親和性，以至在今天，這種思路仍然很有生命力。

文獻發掘向來是思想史研究的基本環節。爲了促進有關研究，我們選輯多種文本編爲『中國古代思想史珍本文獻叢刊』。全編選目包括經典文本，如儒、道二家的經解，重要思想家作品的早期刻本，和某些并不廣泛受到關注的作家文集的舊刻本。本編中也選録了數種反映古代民俗信仰的文獻，如《關聖帝君聖跡圖志》等。這些文本在傳統的學術視野中，多以爲不登大雅之堂，在今日視之，或者正因其反映了古代社會一般的信仰氛圍，而有重要的文本價值。此外，本編也著意收録了數種通常被視爲藝術史史料的文本，如《寶綸堂集》、《徐文長文集》等，我們認爲對思想史關注而言，範圍與深度同樣重要。

選輯本編，也有文獻學上的意圖。中國古代有悠久的文獻學傳統，大量古籍文本的傳刻與整理造就了古代中國輝煌的古籍文化。本編收録的這些刻本不僅是古代學術發生、衍變的物質證據，也是古代古籍文化的重要部分。本編所收録的全部作品皆爲彩版影印，最大限度地保存了文獻的細節。其中有部分殘卷，視具體情況，或者補配，或者一仍其舊。本編的選目受制於編者的認識與底本資源，或者有不妥、不備之處，希望讀者不吝指正。

目録（十卷）

白長洲先生著

容安齋蘇譚

本齋藏版

◎

穌譚評序

陽陵季文白先生蓋吾晉博洽隱君子也家世閥閱自其父伯及其弟子相繼以巍科膴仕顯先生少有雋才每試輒冠軍早年食餼識者謂脫穎可立而待顧數奇不偶从之泰昌改元始屢屢以恩選見拔人

皆爲小就代憾又或用後効相期先生當
之夷然匪直無奢望而已且併此現境亦
何有視之故南宫一試即棄舉子業不事
日惟閉户焚香遯稽遐覽究心於千古之
業用能濶於經術復老於世故深造有得
幾可稱龍德焉闢所著詩文甚富今茲繇

譚特九鼎之一巒耳憶天啓改元余甫弱冠亦厠名充賦與先生同試席竊領緒論彼卽心儀定交恨未及深窺其蘊也比丁卯與先生從弟子盍偕雋秋闈聲氣又加浹矣浸假歷癸酉甲戌流氛孔熾子以里居剝床因攜家避地於子盍之別業與先

生密邇不時晤對奈其際城守戒嚴日夕
惕號不暇作印證語患稍解予即再徙高
都僑寓凡十有二年始反故邑猶寄食於
人及叨一第輙讀禮三年已筮仕於南一
行作吏七載方蒙
內召盍留北者又一年所未及再晤而先生

已作古人矣聞之悵然殊深慨歎非歎先
生之不遇於時歎予之交臂坐失不獲悉
先生之所積遇而不遇雖悔無追也居士
何有視學江南之
命予益出一編相囑曰是伯兄之遺筆也盍
爲授梓予受而卒業刻露森秀殆恍然如

◎

見先生焉討其微言莊語可以開廸身心辨博攷核可以資益聞見即其遊戲詼諧亦足箴砭末俗旁通醫藥亦足推廣施濟此孰非美斯愛愛斯傳不朽之盛事而忍私爲帳中之秘不以示人哉即其間擯斥術數指摘流失不無矯枉之過要期於消

妄破惑不使爲世道人心之累自不覺言之太甚是又在善讀者之不以詞害志耳故予於先生誠服膺之不暇又未免於有爲而發者時出偶見稍一檃括盖不敢阿好實所以成其美云惜當面錯過未得與先生互訂一是而徒爲身後之桓譚斯眞

可歎也夫

昔

康熙元年秋七月廿九日年家弟王同春

識

容安齋穌譚叙

順治壬辰予旣丁先慈母之憂廬居無事家伯兄長洲先生徃徃就予言因問及所讀書予應之曰未也又問予曰經世之書無其才傳世之書無其志出世之說復病其左問思一紬繹身心之旨而行能弗逮是以未也翌日先生手一

卷相示其近歲所爲蘇譚者也予受而讀之曰幸哉長者之教凡吾之家學積此矣蓋先生雖老於家而學術才智實驅駕一世有餘特不樂仕進自多變以來人稱其明哲保身之則今行年七十矣讀書畏敬之意未嘗少衰尤慮夫二三子弟輩弗達此意或其學術才智未必如先

生一旦沉溺於仕進復不自知畏如亭者是固
先生所憂也爰顓顓焉爲寫其耳聞目見之實
爲後來者扶德救過之謀而成是書蓋其於天
道人事之攷稽世故物情之經綸既熟且審而
採遴之惟恐不切且密也豈非身心之欲要而
載籍之倫貫者哉語曰奔車之上無仲尼覆舟

之下無伯夷讀先生是書者可以作而省矣且先生於書靡不究而更深於醫故復附錄諸便方十一其末總不欲爲無益之文實虹小子云爾吾家自司空公嘗有惺心錄之傳先大人亦有關修錄諸藏帙合之是卷其爲助孔多惟所望於今與後之讀書者庶幾無媿於家學與而

于非其人也是歲仲冬之望弟胤謙拜手謹序

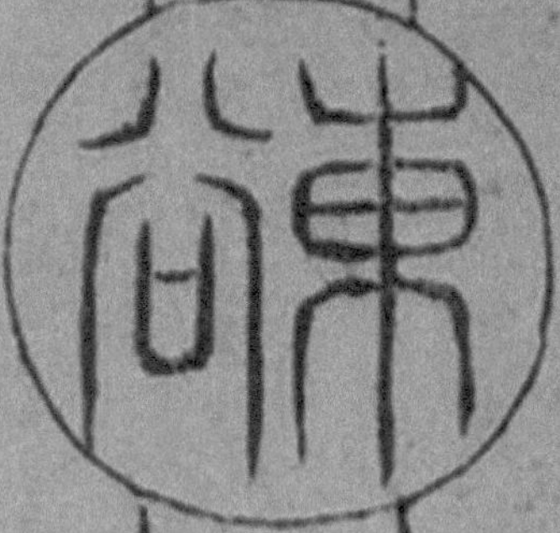

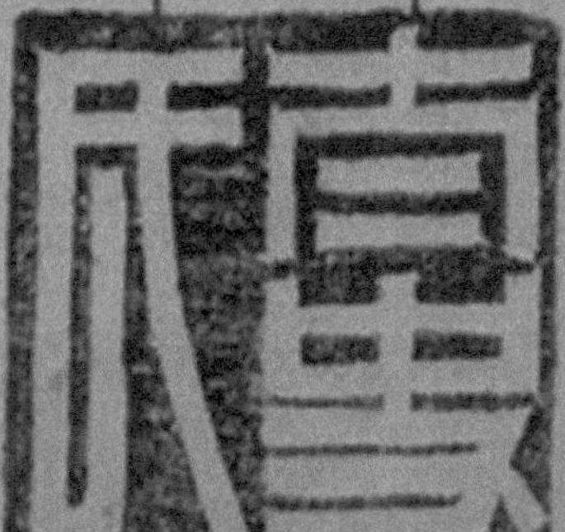

◎

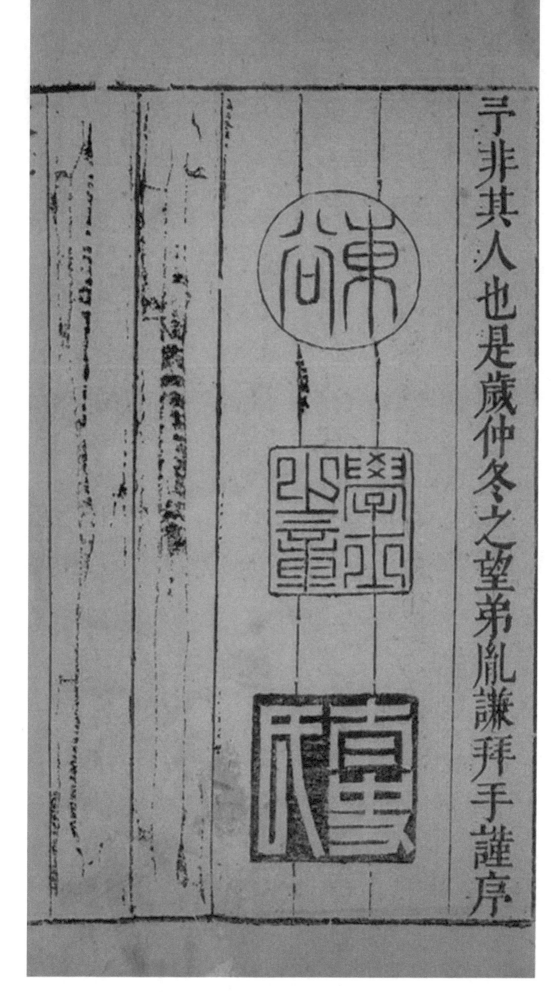

穌譚序

余生萬曆甲申洎順治甲申周一甲子忽遘非常之變白首阽危刻期泉夜已委置此七尺軀不復作生活計矣今春徼天幸難解自西村土窖中得返歸茅舍從容研北實魂夢所不望及偃息之暇輒效小說家漫筆數語命曰穌譚余

何能譚聊以幸吾之獲穌耳人情可異在患則八口忍拋出險則一毛不拔噫嘻不記前倉遽訣別牛衣對泣時耶穌而得譚譚而不忘其未穌可也

順治二年歲次乙酉六月十一日蘐澤白胤昌

季文題於容安齋中

見山西通志

自撝昌字季文陽城人幼沉靜謹言動博極羣書爲諸生累冠多士泰昌元年恩貢時年未彊仕卽罷舉子業肆力古文無意仕進闖亂後益韜光自聊結容安齋以居掃地焚香課子誦讀日以著作爲事尤精於醫活人甚衆生平耻干謁好忍讓文章行誼皆可師法卒年七十五歲所著有蘇譚十卷容安齋文集二十卷參解叢編十卷醫砥醫約醫源醫彙各若干卷

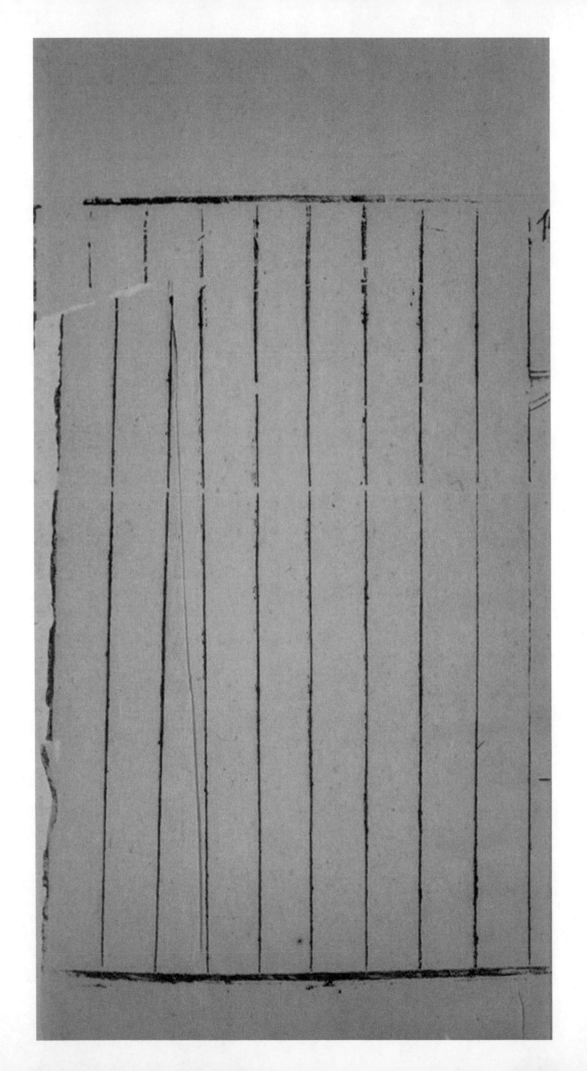

客安齋穌譚目錄

容安齋瑣譚目錄終

容安齋蘇譚卷之一

陽城白胤昌季文著
弟胤謙子益訂
子　象顥沆仲校
友王同春世如評

譚理

天地之理不過消息盈虛四字。天地亦囿其中而不能違。定有主宰之者。中庸曰不貳。易曰太極。但主宰之者亦離却天地不得。

天積氣耳。水者氣之液。地乘氣而立。水載而浮。天大地小。

天動地靜萬物寓生其內惟人最靈是天地結聚一番尊爲人設而人含靈以後知與天通迺汩没其性玷辱其體不幾負此天地乎

天地之氣與人呼吸相通人在氣中如胎之在母魚之在水氣一有乖人即染病古云二至二分起居當慎正以陰陽消長氣從升降是人身一大關鍵少年房帷之間不可不知

堯舜之聖曰孝弟孔子之聖曰忠恕大禹之聖曰勤儉古人千言萬語令人終身日用都不出此六字之外

聞之一字最難言人必謝名遠利澄默寸心洞曉天地性

命之理傳求古今事物之原不爲炎凉所擾不爲喜怒（如此說來明是心不妄動卽大學定靜安之境也夫豈易言）所侵始謂之間若終日無事醉飽佚樂棄聖狂之辨昧盈虛之理此是名利以下人品又何曰名利不如閒也

孟子指人平旦之氣語最喫緊此正生機也余嘗蚤起驗諸草木見其生發皆在平旦昧爽之際今富貴公子平旦始就寢不如其於夜氣何如也

先司空省菴公曰屈天下之辨以訥屈天下之勇以怯屈天下之倨以謙屈天下之巧以拙深得老氏之旨

又曰人之四肢百骸受之父母獨其靈覺心知受之天地故事父母亦當事天地事父母易事天地難事父母以

竭力承歡爲孝事天地以踐形盡性爲孝司空公著有
醒心録可翼薛河津
心貴寛恕氣貴和平守貴堅確事貴寧耐見貴明斷神貴（下六句與上六句正相反）
安閒若小過不吝微觴即急務於勢利厭其糾紛平居
了了而臨境難哉終日戚戚而無事自擾欲以理身臣
務難矣
先大人座右書恒言一通恐遺失因敬録之無事當貴無
災當福調攝當藥蔬食當肉戒酒後語忌食時嗔忍難
耐事順不明人遺子千金不如教子一經養身百計不（此語甚妙近之於而不於遠之克講底蘊皆是）
如隨身一藝一年之計在於春一日之計在於寅爽（此理）

味多終作疾、快心事過必爲殃、欲成家置兩犂、欲破家置兩妻、莫喫申時飯、莫飲卯時酒、至貧莫賣田、至富莫造屋、避色如避仇、避風如避箭、身閒不如心閒、藥補不如食補、教子嬰孩、教婦初來、知足不辱、能忍無悔、

言當意氣激烈時。必不可說盡。事當情志快適時。必不可做盡。不但寡尤省過。於造物樽節含蓄之理。亦覺有無限妙用。惜躁暴人、嗜慾人、不足語此、

愛父母如愛妻子。則無不孝。保國家如保祿位。則無不忠。以恕己之心恕人、則誰怨。以責人之道責己、則何愆。此之謂絜矩之道。

古人理遣情恕肯不與此要看着力二字

積行以希聖賢積學以養經濟積精以澤形體積穀以捍饑荒吾儒身心内外之事備矣

一切不如意事須着力含忍先平心後平氣盖非人之性有賢愚即我之遇有順逆臨時但當付之一哂過去便如浮雲不惟遠邇省勞心中亦覺曠達瀟洒之甚較世之報復生讎懥鬱成疾者相去徑庭矣

喜極無多言怒極無多言醉極無多言是謹言人用力之處

吾人無事時能作有事之隄防有事時能作無事之鎮定方是戰兢中英雄

似本呂新書輪翹高

處人不可任已意要悉人之情處事不可任已見要悉事之理情理二字是八事根本

貧賤生困苦困苦生惕厲惕厲生富貴富貴生驕逸驕逸生災禍災禍生貧賤此之謂六道輪廻若富貴而憂勤貧賤而儉暴又不在此論

偶覽坡公一扎云無有一事從懶惰懈怠中得成無有一長從驕慢放恣中得保二語最佳

養福莫如寡營招禍莫如客氣順生莫如靜坐惹怨莫如多言

世間有德人即是有福人知忍人即是知樂人善讓人即

○反○看○使○見○

是善勝人。能舍人、即是能得人。

遇心上過不去之事、則止其行。遇事上行不去之心、則止其念。不惟可免失德、亦可免失志。

亂時思太平之樂、病中憶安康之美。凡履境者、何不於境外作籌想。

昔人云、智慧易走作、忠信頗堅牢。若朴重有慧性、方是上乘根器。古之純忠大孝、是豈輕佻機械之人所能辦。

居官者惟恬澹可以養福、居家者惟儉靜可以弭禍。凡好事輕動之人、一生易起風波、究竟得不償失。

人生最怕性急。性急之人、不第倉皇壞事、且以自戕其生。

一遇憂愁性急之人便不能消遣一遇忿怒性急之人便不能廻轉皆有死道西門豹佩韋自緩有以也

○危○論○實○至○論

身閒則曰富心閒則曰貴天地四時尚無一息之停留人可易言閒哉有位者不得閒無位者更不得閒閒之所以致客於造物也語云不是閒人閒不得閒人不是等閒人此兼有位無位而言豈可以貧賤之士便謂之閒人

知我易我知人難我知人易我知我難我一知我即能知人而不急於人之知我矣君子只在近裏處做工夫

呂叔簡云一開口便似煞尾語初下手便似盡頭着是人少含蓄沒擔擎一生不濟余多見此輩爲之自省

凡人喜則顏開，怒則髮指，哀則聲哽，樂則氣暢，悲則淚湧，恐則肉顫，驚則汗濡。七情感動，百體轉隨，人可一刻不謹持其方寸乎。

昔人自謂宜，大檢身植行，便可爲古豪傑，操觚染翰，便可爲大文人，利物濟世，便可爲佛菩薩。昔人事業，皆是今人職分，第若於俗見之因循，俗友之浸染，俗情之牽繫，止知有富貴，不知有聖賢，亦惑之甚矣。

塵心絕盡，則可全於性，色心絕盡，則可全於命，無明心絕盡，則可適於中和，常覺已過，則不遺悔於已，不見人非，則不結怨於人。偶於醫書中見李希仙數語，因錄之。

人若能於日間省得幾句快心之言。省得幾件得已之事。省得幾箇無益之客。省得幾起小觸之怒。便有許多裨益。

入其家。書聲琅琅然。機聲軋軋然。兒聲呱呱然。婦聲寂寂然。不問而知其興門也。入其家。非梵唄之句。卽歌絃之嘹喨。非帷簿之話喧。卽臧獲之嬉競。不問而知其衰門也。

語云。勤而不儉。是漏巵也。儉而不勤。是石田也。然儉者不奪人。恬澹靜約。自與慳吝不同。若戴星而造權貴之室。衝風而走名利之場。亦不可謂之勤。勤儉落富貴窠臼。

便非真勤儉

陸梭山居家制用書云凡家之田疇足以贍給者亦當量入爲出令以田疇所收除租稅及耰種糞治之外所有若干以十分約之留三分爲水旱不測之備其六分作十二月之用取一月合用之數約爲三十分日用其一可餘而不可盡用至七分爲得中不及五分爲大嗇其所餘者以爲伏臘修葺醫藥饋贈之費又有餘則賙貧賑乏之斷不可妄施僧道師巫輕信邪說其有田疇不足贍給者更當量爲節儉不可倣傚富室

顏靖侯戒子姪曰仕進不可過二千石婚姻不可貪權勢

洞見底蘊

家余舊視爲恒談今歷驗之大有卓見
張南山尚書家訓云爲吾後人者生子雖多不可不敎生女雖多不可不舉娶婦必擇德門不必富貴嫁女僅給衣奩不必過豐疾病必迎醫弗事禱禳喪祭必依禮弗用僧道故舊不可菲遺勢要不可要結若至貧乏之不能存寧爲餓夫毋爲奴僕常處人後毋入公門常受鞭笞皆羞祖辱身之事不可不念孝弟忠信禮義廉耻立身之本成家之道子子孫孫世世守之此訓眞足砭世
昨非菴日纂曰家之不和多由婦搆其原又多出婢妾盖彼輩愚賤無識以言他人之短失爲忠於主母私一聽

信必日造虛妄使主母與深讎而彼始揚揚得意自鳴
處於心腹也雖僕隸亦然居家居官皆不可不知
人家乎女十數歲後最宜防其起居端其耳目勿令引動
意念倘慾竇一開不惟損貞虧行亦且夭折天年至爲
父母者有因年齒之參差翁姑之事故惑志趕奩博名
完聚精未通而蚤婚以鑿其精血未盈而蚤嫁以戕其
血合卺之歡未洽訣帷之慟已隨更失策之甚
韓魏公於羣小奸弊照見時只隄防安頓終不道破人謂
公寬厚處不知正公高明處已知其欺則必不能欺彼
媿則生讎激則思亂此中稍機正隱伏叵測何如暗遏

說天台有耐煩涉所宜詳玩

潛彌之為得

錫山王達曰世間坑穽所在有之要人醒醒耳眼一步昧足一步偏心一步惑則墮落其中安能出哉及其墮也乃悔前日之所為晚矣君子貴乎知微知微二字有許多意思非一過慎之人所能了得余素性過慎而識見不烱即徘徊鄭重疑惧亦復不淺

耐煩二字是涉世第一要緊貧賤猶事少易處富貴則擔荷愈重圖度愈艱着一點粗心躁氣不得若水弟敦請余謁選人蕎雲翁又苦口勸駕而余竟躊躇不果只以余性之不能耐煩也余雖選懦無才略然不失作一審

已量力之士、退思古人、嚴子陵蘇雲卿、不知經綸何如、想定鈌少耐煩二字、

楚王翰林廷陳云、上不慕古、下不從俗、為跡為懶、不敢為狂、為拙為愚、不敢為惡、厭苦俗徒、寧獨無與、身多疾病、藥裹不離、此僕林居大略也、王公之言、脫然塵外、

販海之舟、不與風爭、捕魚之筏、不與水爭、是以乘潮壓浪、不作覆溺之患。余因而悟涉世之與時爭、與勢爭、與命爭者。何若行所無事。然則晏子邦有道則順命、邦無道則衡命之說非乎、如此將幹濟十為俱戚無用矣。不若盡其在我聽其在天。兩路合說、更為無病

邵康節曰、善人固可親、未能知、不可急合。惡人固可踈未

能遠不可急去邪言大有理至於去惡人更宜三思

古云去其僕也必使其可復傭去其妻也必使其可復嫁

推此長厚之心何適不可

桂古山勸楊宗喬曰譬如對奕且饒一着譬如爭路且讓一步涉世者遇難處之事便當繹此二語

昨非菴日纂曰處富貴之地要知貧賤的痛癢當少壯之日須念衰老的酸辛居安樂之塲當體患難人景况處旁觀之地要念局內人苦心

君子不盡人之歡不竭人之忠亦只是留有餘不盡求爲可繼行退一步法

以詩酒之契與權貴之驩並言卓見

看得透說得盡

友道之難非世無擇友之人也以世無可友之人也不第無可友之人也又以吾非友人之人也孟子曰天下之善士斯友天下之善士天下之善士可易言哉閉戶獨處尚友古人猶賢於交權貴之驩締詩酒之契

生死大事亦常事知其爲常即屬纊易簀時忻然何懼知其爲大又當謹病避患肯以其身嘗試於勢利聲色之場乎

士大夫居鄉黨要念安貧守分四字方可立品做有司要念耐煩忍辱四字方可安職做京官要念慎言寡交四字方可遠害兼此三者惟吾邑之衛司馬公

凡聲色利欲之趣皆易盡其中即伏有敗其趣者惟讀書之趣轉嗜轉深無妒無競人特未之狎習是以不能得趣。

學者當於讀書時參悟世事不當於世事內擾亂讀書今少年輩非紛馳於酬應即拘牽於文墨理不足養心識不足經務是讀書世事分而爲二矣

讀書當剖析其事闢豁其理迎刃而解勢如破竹廼爲善讀杜子美云讀書破萬卷破字甚妙

秦少游嘗言少時讀書有強記之力而常廢於不勤及長聰明衰耗有勤苦之勞而又病於善忘余今年六十又

七矣取少時所讀書覽之始覺其命辭該理割然有解而悔昔之粗心涉獵讀之而未嘗讀也夫讀書者尚不理其章句之末而況以之身體力行乎此又少游所未及道

顏氏家訓曰讀書縱不能大成就猶爲一藝得以自資父兄不可常依鄉國不可常保一旦流離無人庇廕當自求諸身耳

讀書二字今人茫然不解讀書者欲見古人之成敗禍福賢愚臧惡取爲鑒戒師模獲其利益若只以訓章句摛辭華小之乎言讀書矣

真議定論可謂知音

夏日偶讀諸集，壯地險正近推，歷下高峭近棘，新安古奧近板，京山淹贍近贅，公安快闢近率，竟陵靜潔近寒，惟弇州大而精，暢而典，蒼而妍，吾無間然。

一禪僧謂儒生曰：讀書不可不學禪，何也？讀書靜養，不萌妄念，這便是禪心；讀書離家，不理塵務，這便是禪行；讀書作文，意在筆先，神遊象外，這便是禪機。此僧亦說得有理。

魏晉以還，爲文者多拘偶對，而經誥之指歸，遷雄之氣格，不復振。起故韓公退之務反近體，抒意爲言，自成一家，明末海內爭趨魏晉，體式纖卑，令人欲嘔，必得退之輩

只據靈明首尾成章可也不必毫無空隙陳居公云詩文要單刀直入最忌纏客問徵譚友夏云凡作文好意好句必說使盡[illegible]

一懲創之方於文運有維新之望

作文不必求奇求古只據一巳靈明讀之首尾成章毫無空隙便是好文若模倣剽竊全無由衷真的之見如作人者捨却原有布帛菽粟而補綴他人之綾錦饕餮墦間之酒肉亦可耻也操觚家嚴以爲戒

文之調數年一更文之理千古不易明其理以轉其調方是應時擧子

士人應試只要演得文機純熟不拘題之長短難易靠定手筆自然膽氣舒調斷不可臨塲擬題若擬題不着則下手便生雖積學亦挫文興號悏不淺

洪山人謂詩須弄韻，畫須弄墨，字須弄筆，弄之一字有游戲玩侮不受拘縛之義。余四益一語曰：文須弄題。

錫經堂五事云：靜坐第一，觀書第二，看山水花木第三，與良友講論第四，教子弟讀書第五。此真林下盟也。

士人貴在行誼，不在富貴。古之周黨、孫登，不愈於祝欽明、趙師睪乎？不但千載下史有公議，卽當年諸人淸夜魂夢中，亦自有真適真愧之不沒其良心者。吾人當何擇焉。

袁坤儀累遇異人，云：人生數原前定，不可移動，然大善大惡，此數又拘他不得。此言最有見。余細思人定固可勝

天若遭際絶大刼數料亦善惡不能回轉吾人只不委
命不衡命修善以盡其在我而已　添出不委命三字來較前撅海一條爲當
太醫院使吳傑武進人嘗語人曰調藥性易調自性難
出性字始可言醫世人不治性而治方亦云惑矣
余生平少聲伎或誚余不知樂余應曰止知其樂中之苦
東坡言人心不可放縱閒散旣久毛髮許事便自不堪誠
哉是言也余幼處豐熙之歲生富厚之家庭闈和樂親
友推重養成柔脆嬌懶之性及至老遭逢饑寒事事畏
於少時殊覺厭煩困苦之甚只如行路一節初而乘輿
驢騾晚乃徒步纍蹇又何如從來擔負者之能寧耐也

受乎深妙有眞賞者用之意非止領略其大槩而已

一山人號六受。余叩其義。曰高林受日。寛庭受月。短墻受山花。夜受酒。閒窗畫受書。曠情佳景受詩句。余聞之洒然。

邵康節曰。羲軒之書未嘗去手。堯舜之言未嘗去口。當中和天。同樂易友。吟自在詩。飲歡喜酒。百年昇平不爲不偶。七十康強不爲不壽。人生老景孰有如康節者乎。

梁蕭恭曰。世人多有不好歡樂。仰面床上看屋梁而著書。千秋萬禩誰傳此者。豈如臨風對月登山泛水肆意酣歌也。恭言殊有味。但人各有好。當著書時得一快事。如入一異境。得一快語。如獲一異寶。何嘗不樂。正如不能奕人譏好奕人。只因不解便不好。

容安齋穌譚卷之一終

容安齋餘譚卷之二

譚習

晋紀論風俗之衰在恥尚失所恥尚二字是治道關竅司教者能於恥尚處着力一番方能天下太平（〇三十〇字　今來亦新亦古）

朱子社倉法萬曆間余邑亦行之初意爲備荒計後迺半爲紙上空言半爲司府公費及歲荒時乾没殆盡受其擾而不得享其利以名實之重遺也然聽民之便則爲社倉強民之從則爲青苗矣摠在行之者

當今治世第一法曰禁奢奢則耗天地之財物長人心之淫蕩啟爭啓詐敗法敗倫無所不至而亂竊起矣

識得破忍不過說得硬守不定笑前轍忘後跌輕千乘重豆羹諱疾忌醫掩耳偷鈴論人甚明視己甚暗得時誇能不遇妒世數語曲盡世俗之情狀

求賢用人當以孝弟廉耻爲本而輔以文藝才略使天下明知廟堂之意兢兢修行以副延攬庶乎澆風漸更可臻治理若因仍舊例只以八股從事弊不止不得眞才且於教化風俗關係不淺

一命齒於鄉再命齒於族三命則不齒於族此貴貴之義今之卿大夫謙倨不一或有從厚者曰鄉黨莫如齒不若藍田吕氏曰非士類者不以齒此爲得之

縉紳居鄉無事苦於寂寥每客至塵未定輙問有異聞否客迎其意强爲摭拾鄰里不美之事小以爲大無以爲有逞快口耳漸移性情此宵人入門之漸而是非交搆之端也世界以清平爲福何樂有新聞異觀况吾人自饒古籍嘉言良朋忠告安用此市井不根之語穢亂心志乎余上世顯貴多有是癖以故新知日密故舊日疎而弟姪甥婿經年無門庭之跡矣

懺悔之說原欲人悔悟過惡洗心回向世乃云生前之罪若得僧人梵誦禮拜便可解釋是爲造業者開一寬宥之門且爲乞化者畫一欺誑之策凡力能延僧轉懺者

亦何憚而不爲惡乎。

袁石公曰，天下皆知生死，然未有一人信生之必死者。或疑其說，袁曰，世人競名鶩利，惟日不足，頭白面焦，尚慮銅鐵之不堅。信有死者當如是耶。袁公竟年不及艾，惜哉。

鬼神之事，世非溺以行諂，即闢之爲無，不知天地精靈之氣，無形無聲，正則爲神明，邪則爲怪異，不惑於怪可也。獲罪於神可乎。然幽明各途，决非禱賽所邀求者。死而魂靈亦有之，但不必皆然。必其人氣盛難遽消蕩，始附形著異。迨日久氣散，亦歸空寂。余驗之最確。

有司官不禁差役鄉紳家不戒僕從謂之掩耳偷鈴此輩所損之聲名所買之讐怨皆歸之一身而蚤不能覺察迨官罷斥脟家失勢時事體敗壞莫可收拾雖有忠言良告亦奚益焉

世人見不如巳者即嗤咳之見勝於巳者即娟嫉之殊不知人各有命順逆原是尋常即同胞兄弟且不能齊焉得人人而忌之

諺云少不勤苦老定艱辛自然之理今亦有習安履順始終享福者必其人憂勤惕厲逆其形而勞其心者也若一生醉飽淫佚長豊久壽爲里人所側目爲主論所不

齒自是行屍走肉於禽獸奚擇焉

蘇涑水自詩補入觀大雪瀰漫流關作記曰見山上矮屋三五家白茅爲雪所壓而突有青烟門前枯柳作扶疎玉樹童子臨溪撈魚女兒布裙當壚呼客賣酒翁媼擁榾柮煨蹲鴟三五家自相往來生遊山上死葬山下不知官府之升沉城市之遷變無功名亦無離別慓然自悟以爲不如也屠語殊有味

此言自爲計○太過

黄山谷與俞清老書云人生歲衣十匹日飯斗米而終歲蕭然疲役此何理耶男女婚嫁緣渠儂墮地自有衣食分齊所謂誕置之隘巷牛羊腓字之其不能凍餒溝壑

者天不能殺也今蹙眉終日者正爲百卅憂春雨耳青

此言爲子孫計亦過

山白雲江湖之水湛然可復有不足之嘆讀山谷詩今

兼無上二句○

人胸次曠然○

富貴不可驕於貧賤亦何足誇恃富貴有富貴之道貧賤

有貧賤之道所謂不能淫不能移是也昔季氏富於周

公周公不諱言富諸葛武侯有桑八百株田數十頃武

侯亦豈赤貧人今有大臣而飾作寒酸態未免矯激之

過

人在世間度一日則失一日猶諺譬之牽羊赴屠進一步

○此○即○時○人○十○書○已無五十一歲之意

則近死一步達人所以不懼死者亦自討無所以免死

之術雖憂煎何益易曰樂天知命故不憂廼有被人欺
誑而妄存神仙之想者是又癡人說夢也

士大夫偶有權勢不可靠倚不可認定曾有一僧對羅近
溪云官人家常有好光景有好光景便有不好光景等
待余目擊屢年來人家盛衰倚伏無可柰何只以寬厚
退步爲守

人少則爲嬉計長則爲生計老則爲後計數十年間其爲
周身之防奕世之策者不遺餘力然慮精而命窘之識
遠而數限之波波劫劫同歸於盡具慧眼者不憬然醒
乎

或疑富貴不如貧賤之説。余曰：委積愈厚，則營計愈勞；張擁愈榮，則據倚愈重。貧賤者如是乎？處順境則難受摧挫，久逸樂則不耐風霜。貧賤者如是乎？匹夫懷璧，招怨生妒；高明鬼瞰，刑禍百端。貧賤者如是乎？富貴勞而貧賤逸，富貴脆而貧賤堅，富貴危而貧賤安，富貴焉得如貧賤。富貴之可羨者，曰口體之嗜慾耳。若道德之士，則曰我得志弗爲也。惟有處富貴而不富貴者，方不得與貧賤較矣。

清話云：張天覺好佛，而不許諸子誦經，云彼讀書未多，心源未明，纔一拈着經卷，便燒香禮拜，不能得了。天覺好佛而不好世俗之佛。方是深於佛者。

宋張仲文白獺髓云、借錢造屋。棄産從婚、此浙西人之常情、而行都人尤甚、不意吾晉地樸野之鄉、亦往往如是。甚矣風俗之浇也。甚至寒士浚學畢業、以傅科擧之名。更屬無謂。

佛老孔子、同是善人、但其徒學之者不善耳、學佛老之不善、僅足以蠧財、學孔氏之不善、乃至於禍生民。彼闢佛老者、何不平心較量之。

娼伎狹邪之事、關係匪輕、士大夫之初興、親疎貴賤、嫌隙讐恨、皆從此中根芽、士大夫之末後、傾覆敗蕩、爲里人

人爽然自返

嚚獨艮切

識渾暢快亦於此中結果可長哉余少遊晉陽上黨諸處見樂籍最衆彼中衣冠讌會皆不用妓惟吾邑僻野無貴介體終日士大夫與衙役少年嚚嚚爭競不厭嘖嘖余嘗嘆屏絕聲色固腐儒迂談不諳於世然縉紳家力可姬侍亦何羨此穢亂不潔之體甚至感爲疳瘵悔毒暗痛潛療不自悔也余家不用妓二十年於茲矣不知後來能堅此約否

古人戒夜食僧家謂夜爲畜生食蓋脾主音聲夜則諸響俱絶脾不磨運在老年人更不宜夜更不宜夏夜澤潞風俗宴會必秉燭始肅客貴介公子雞三號就寢日午

張紫陽所譏真僞不出老彭其食養長以長生之説而和導之

方與飲食嗜慾皆長夜行之動靜顛倒陰陽舛錯不惟
僨事致疾亦非吉祥之兆
丹灶之術斷不可信世間無一物可以假當真可以人易
天而獨於白鏹之物假造之同於天成有是理乎謂不
惟點化成金且可服餌不死更虛誕之甚世又有彼家
之説以行淫竊長生秘訣夫人之大慾莫過男女倚之
珍貴莫過金銀而曰男女中有大道珍貴者可力作無
棄從人利慾一念將願逢迎以售其欺騙耳至於衰白
老叟日與稚婦少媚聚麀淫穢以求長生即能長生亦
何顏久居子孫之上

驗此則博奕生亡字亦是萬業此兒啼不得隱真說妙火與破家乎

貴踐履長是

凡人好飲酒貪淫色愛博奕皆交遊者家富則必致破蕩家貧則必爲亂竊凡人身無常業及有業而樂於安逸者家富則必爲下流家貧則必爲乞丐

儒家講道學釋家講公案都以機鋒語相攻擊取快一時究竟說得行不得能悟不能了以此見輕於世

世俗撰子曰豚犬撰父曰馬牛豚犬止知豢養而不念其父之苦辛馬牛止知竭力而不計其子之美惡馬牛之罪浮於豚犬豚犬之過成於馬牛

人之慾怒二者皆火也慾火一起傷倫敗節滅身破家怒火一燃割愛忘軀殘民僨事人無論貴賤強弱皆當於

見大識遠

二者致謹

今之為彼家說者曰軒轅容成彭祖伯陽原有此一派學問謂之火裡結氷泥中產蓮余獨以為不然彼諄諄曰對境忘情果能與嬌艷少艾終日雜處而不一接體觸肌方為忘情若頻頻交媾漸其施泄便謂清淨之道在是嗟乎欺人甚矣辱道甚矣

以下訟上以卑揭尊稍得舒其不平之氣淺見者無不以為快不知此薄道也厲階也澆風一倡始而以善攻惡漸將以惡攻惡久將以惡攻善矣名分倒置僭逆滋致令上官不得仰其權於邦國尊長不得行其教於家

庭底惡導亂莫此爲甚
世風之薄爲惡不可爲善亦不得惡尚爲俗之長善則恒
受人欺貧人固難富人更不易貧尚免世之忌富則日
被人謙求死非情求生亦何樂死尚杳無知識生則徒
爲人役料孔孟值此定有妙術
天下不治因仕途要錢令之仕途亦有不得不要錢者惟
願賢宰執設一良籌令不得要錢亦不必要錢庶乎其
太平矣
凡婦人之慓悍者必好淫醜陋者必偏妒士人之悠謬者
必易怒險毒者必過疑此相心之術

世人謂重人命者適所以輕人命也輕人命者正所以重人命也今国法擅殺毆打死

縉紳之士、身爲婬邪、而見子之携妓、無不怫然怒起、何愛身之不如愛子也、

炎涼之態、富貴人甚於貧賤。妒忌之念、兄弟行狠於他人。是以君子重貧賤之交、小人甘他人之厚、

人命一節、最係刀風、奴僕脅家翁、妻妾制夫長、一有不虞、則親族乘而攘臂。衿紳集而磨牙。恃黨翼爲圖賴之根、指富室爲甘脆之貨、貧寃對袖手旁觀、儒親鄰牵連代罪、此弊不革、不特啟人以自殺之門。且令父子兄弟無不幸其死以圖脂潤也。

眞高士、不必盡在巖谷。但能忘情富貴。遊意性天。一切塵

歲誕祇止切投米帛綵服等例錢等類俱不受卿最是

緣不以照染胸中雖在朝市愈於終南之捷徑矣余生長數十年不特不覩真高士即僞者亦不之見勢利況迷日深一日維風者當有以激勸之

世人壽章墓誌必借名顯者而顯者多不能文令人代筆吾不知文以人重耶人以文重耶使以人重非其人之親筆便不足重使以文重文誠重矣又何必托名於不能文之人

徽俗重門族凡僕隷之裔雖貴顯故家皆不與締姻吾里則否一遇科第之人即紊其班輩昧其祖先忘其讐恨行賄媒妁求援親黨倘可聯婚不恤譏笑最惡風也聞

說得可笑

近日鄰邑諸處皆然

蘖平巖云嫁女必須勝吾家娶婦必須不若吾家今士庶人每希求貴家子女不但驕逆咸性藐視舅姑且漸染其子亦有挾恃婦翁懶於學業傲於昆弟之態甚意外感觸疾病變故便至傾家敗產無地負荆不知娶貴家者利益安在

古妒悍之婦無論在明則王新建伯守仁戚大將軍繼光汪少司馬道昆汪之文章固不足恃而艮知道學不能刑其家室百戰威武不能戢其女戎乎

古人叔嫂不授所以別嫌也今人翁伯大人大都迴避而

嫂叔反謔浪狎褻恬不爲忌不幾於倒置乎

世俗重座師輕業師只緣聲勢可以相倚非盡出於感恩一念若童蒙講業兼置不顧固屬凉薄然其師亦有取輕之道圖館穀而就賓席如鬻貨之持價如傭工之計食原非道義授受甚至束修不前詬辱呈揭如仇讐焉又何怪於世俗之相輕也

世俗婦人欲子之孝已而憚夫之孝親喜夫之畏已而惡子之畏妻終日妯娌修怨而教其子婦之相和常情大抵然矣

姚園客曰上古之人神中古之人人末世之人鬼又曰鬼

不畏符畏壓人不畏辱畏妻又曰魚不見水龍不見火愚不見土人不見風當改曰人不見禍姚語語憤激然不爲無見風字改作氣字可也作禍雖有見顧與上三語不類

上黨栗道甫曰君子有三畏少之時心志局狹畏在父母及其壯也心志蕩曠畏在妻妾及其老也心志邅迴畏在子孫雖諢語亦有味

抱朴子云舉秀才不知書舉孝廉父別居抱朴子晉人緬想當時古今一轍

宴會若勸人醉名是敬人實是行虐甚至伏地跽懇不從則繼之以忿更爲不必惟市井僕役以逼爲誠以虐爲

豪以大醉喧訴爲歡樂。若文人雅士，何必乃爾。

里人迎賽，原非敬神，止以少年輩恃黨淫縱，盛其飲食，飾其服玩，會之時，傾國來觀，習而成性，啓奢釀亂，大壞風俗。宰治者何不以之禁革乎？

人子之於親，日生養死祭。世人平日不知盡物盡志，每遇懸弧之辰，則張筵徵伎，非孝親也，結客也；歲時不知追思抱痛，每遇淸明之節，則携樽集飲，非省墓也，踏青也。世沿習而不之覺。

做官用讀書人，以官之道理盡在書中，非讀書不能曉暢。今之讀書者不於書中尋做官之方，只於書中覓得官之路。一得官、便與書不相干涉。却尋做手於積年之吏胥師賓。未有不爲所誤者矣。

數十年兵荒貧困。民不聊生、山川更變、而獨不變其侈靡之習。婦女之粧飾如故也。酒食之羅列如故也。饋遺之豐腆如故也。聲伎之倡淫如故也。僕從之烜赫如故也。賢守令獨不一禁制乎。奢則生逸、逸則流蕩。奢則生戀、戀則營私。奢則生貪、貪則無忌。奢之滋毒、不得不亂。且一人人失其性、教惟以嗜慾相雄長、而欲求賢才求忠義、又何可得也。

諺云。柴米夫妻、酒肉朋友、盒兒親戚、束修師弟、爵祿君臣。

一值變故無所不至矣

古人作好事只顧道義與心之所欲爲今人作好事必念其有益於巳之名節必計其無關於巳之利害而後爲之心愈後猾風愈澆薄矣

徐應雷曰天下惟庸人必不能爲善而能爲惡然非有勢力則亦不能爲惡惟庸人必不能豪舉而能生事然一旦有事則束手不知所爲此爲庸人作一像贊好個生事二字故孟子曰人有不爲也而後可以有爲

凡醒者懼人之強酒多僞言醉醉者却往往假爲醒狀凡富者懼人之需索多僞言貧貧者却往往飾爲富態忠

信之溺於末世也可嘆可咲。

四明薛崗曰居官而時時言去必非茂林豐艸之人。爲士而語語自高必是昏乞日驕之輩。可謂窺人之隱。

張鳳翼談輅曰男子即已身未沾祿命或兄弟叔姪間有得科甲者亦足爲家門之慶乃偏生忌心寧冒認同姓貴人爲宗扳援異姓貴人爲戚雖傾家奉之而不惜婦人即身不生育苟妾媵産子亦足綿延宗祀乃偏生妒心寧至老無所依伶仃孤苦受制於疏族而不悔此舉世通弊惜無有開諭之者鳳翼長洲人

諸暨駱公問禮萃餘集曰謝顯道謂一部論語只師晃見

一章、可以該之。此意不曉、豈有爲而發耶、顯道蓋以世爲人盡矇瞶可憫。孔子仁愛無已。千言萬語不過導之使各得其所而已。此意無甚奧僻、而駱公疑之。

解大紳疏云。治曆明時、授民作事、但仰播植之宜、何用建除之謬。方向煞神、專屬無謂、孤虛宜忌、亦且不經。東行西行之論。天德月德之云。臣料唐虞之曆、必無此等之文。所宜著者、日月之行、星辰之次、七政之齊正此類也。

解大紳可謂不惑於習俗云。

富平孫冢宰公謂先司空曰、余少時有志聖學、不得其經、只習靜坐、巡按淮陽時、覺腹中有物、如指頂漸漸如茶

[illegible]古字作改言[illegible]發之[illegible]久之[illegible][illegible]中有[illegible]加季子大上下周流自以爲丹成後覺魔祟蓋氣聚之極[illegible]結成塊耳非病非道孫公亦毋類是

盃每旋轉時美暢莫比不知何物也偶觸一事不如意遂失去已而更處其事且大快復有物焉愈大於前幾按迴人事擾擾不復見方信孟子云浩然之氣不慊於心則餒者此也余聞之啞然夫氣不可以形論浩然之氣要不可以氣論如孫公所言則孟子之腹應有如罌甕如婦輪囷者即十圍之腰不能容也

一代之興必有一代之制生今返古烖必及身者也事無（通儒之識）關於忠孝名節區區儀貌即趨時何妨俗儒沿襲故套失其大經而守其小節可發一咲即如古周公孔子之坐皆如今人之跪女媧太姒之足皆如今日之男今俗

作者雖以紀厚必有取義甲子不可更名乙丑乙丑不可更名甲子不然何拔

儒見之必矍然驚顧堅不肯依做也

釋氏之偏在不畜妻子妻子果真累人事事親之孝以妻子而褒事君之忠以妻子而奪凡人一生貪圖苦惱大半在妻子身上所以釋氏屏絕之不爲無見然人人不畜妻子則世界可斷絕人類乎究竟少他不得

大撓作甲子不過以紀歲月代結繩云爾後世分屬五行以年月日時決人貴賤不知大撓始作之日將甲子交於何年何月亦知何年何月何日眞爲甲子而安之執此說一可以破運氣五行一定拘忌之疑

或問今世有神仙否余應以有或疑之余曰心無機事案

◎

名推測
往往有

有好書飽食晏眠時平體健非神仙而何若長生久視
吾不知也

容安齋穌譚卷之二終

容安齋穌譚卷之三

譚埜

沁水劉司空公東星歷官三十年芒屩布衣亡貴倨態一日散步道周適負販者驢踣於地其人呼公起之公爲助臂而出諸淖行數步方知爲公亟叵謝罪公笑遣之起漕河日偶憩門巷二騎士捧檄至謂其田父也揖曰掌家何在公諾而入使出召之騎士一見驚伏請罪公曰無傷也若安得識乃公其子用相赴淮上省公止携兩僕跨一蹇旅舍陵侮之忽見髮中金佛像謂爲妖人執詣豐令僕始吐實令爲負荊謝飾輿馬麾不受仍策

蹇而行用相爲余妻姪壻
慈谿黄伯起每日焚香謝天賜福其妻笑曰一日三餐菜
粥何福之有伯起曰吾幸生太平之世不見兵戈又幸
一家温飽床無病人獄無囚人非福而何余舊覽此亦
不經意逮明末忽值異荒尋遭大亂囊罄獄追形羸窟
伏棄家四竄朝不保夕始信伯起安不忘危芇人見解
天應久怒彼不知焚香答謝輩
元張閏延安人八世同居家人百餘口無間言日使諸婦
女各聚一室爲女工工畢斂貯一所無私藏幼稚啼泣
諸母見者即抱哺不知其孰爲己兒兒亦不知其孰爲

◎

巳毋也。夫家之不睦、起於婦人。今能化之、使俱賢淑、定有大過人作用。余爲之三致歎焉。

曹憲副時中、華亭人。鄰有悍生、修其先世之怨、書公姓名於牛後、向其僮加鞭、亟口詈衊、欲以激怒。公僮歸以告。公徐曰、人毀我而若述之、是重爲毀也。遽往謝。毋勞齒頰。生不能難。於是修尺一、若爲候者、而中實痛詆、令人直入踞上之。公不發、曰、休矣、待吾僮來。及僮至、命火之。曰、知若公於我必無好言也。生愧而負荆請罪。是可爲處末俗化惡人之法。

先大人爲諸生時、得鋼鐵煎銀法、潔白肖真、出納流轉售

錄此則公不尚方術何今之方士所傳黄白之術有過盂贊記病記名于後

之不疑已而悔曰何可以僞物欺人乃藏其方櫝中俟余稍長謂余曰櫝中有異方然得已不可輕試天啓甲子先大人見背余簡櫝中得其方亟焚毁懼後人不諒虧損先德因憶范文正公少貧悴遇一人病篤授煉銀方并銀一觔公藏而不動後十餘年俟其子長并方付之封識宛然余何敢望文正公然硜硜一念竊願學焉

前輩崇儉不恤固陋先司空公在林下蚤餐止豆腐一器終其身不飲茶近體衣皆布數十年居惟一室繩床敝几壁無屏画冬夜燕寢如山翁即衛司馬張司徒鄉之耆碩從未以杯酒相徃來凡台司過里即引避庄舍無

儉于自亦可也儉于待人未免傷恩望要自有此道

片楷于託予姪謁見過食時、獨擧匕箸、子姪侍傍、亦不作讓、家人誤以茶至、輒厲色斥去、先大人爲泡兒歲時伏臘、亦無宴會之事、邇者奢侈成風、余等衣必羅縠、食必饜鮮、家無儋石之儲、門有車馬之簇、若令前輩見之、不知作何等譴訶也。

張橫渠好言命、一日邵康節臥疾、橫渠候之、問曰、先生推命否、康節曰、若天命已知之矣、世人所謂命、吾不知也。後世乃以術數厚誣康節、得此足以解嘲。

梁武帝身爲帝王、年五十時、遂斷房室、今人斥毀釋氏、動以武帝爲口實、無論武帝之孝慈恭儉、文學才幹、種種

過人只此斷慾一節持論之士能效倣否
有書可讀有暇得讀有資能讀而奪於聲色馳於勢利抗
塵顏吐詭語不亦可鄙之甚乎泌湄楊公自束髮以至
登朝雖寒暑患難丹鉛不去手五經諸史皆批註數過
實實研究書理與假書撥悶者徑庭也
余家世嗜書先大人唐縣公年逾七十猶手不釋卷仲父
司空公亦然第山邑僻陋之讀書博雅之友雖終身呫
嗶不得以文章名世深可嗟悼偶覽尤延之遂初堂序
云饑讀之以當肉寒讀之以當裘孤寂讀之以當友朋
憂讀之以當金石琴瑟余之先公實類是嗣後諸子孫

子友二洪垣表鎔時于城南作一精舍房室亭軒皆婉轉相通迷處有床榻几案古今文籍各踈不紊[illegible]忘扃[illegible][illegible][illegible][illegible][illegible]前門閉屋後巷則

皆能讀書知著作，然於躬行實踐處，余惓惓屬望之。

高平劉宮詹虞夔，性好讀書，家鉅富，童年時，所居書館甚幽麗，羅圖籍萬卷，口誦手披無停晷，父淮守公崇文頗鍾愛之，供應起居，窮水陸，如待大賓，夜則爇炬輝煌烈盤迭進，公每讀至夜分不寐，童僕數十，祇候左右，皆文雅通經籍，偶思一典故，即執策以應，以故公得肆其閎覽，年二十入翰館，文學冠其儕，偶夫閥閱家，皆以富貴供聲色，公獨以富貴佐誦讀，富貴亦何嘗溺人，公號和宇，萬曆辛未進士，壬子生，丁酉卒，僅四十有六。

先大人七十時，諸親友欲乞言爲壽，先大人辭曰：不佞見

◎

慨然而覺難開而饋口角酒殺外此不若要令時與二三寮友迭為師資間學對策投壺以適然與人雅衍讀情入樂願得劇旅遊歡

羅念菴先生一札云、回思先人、懷抱維持之苦、與夫顧
惜敎誨之專、誠不意遽至於今年且六十、不可謂非壽、
而先人所以望之子、與子所自待以終其身者、反之綠
毫無有也。故凡滿十而悲傷益甚。以悲傷負罪之人、納
賓客之禮、際與其言是非忘哀而為樂乎。札數百言不
能悉記、不倖覩念菴何如、而敢言壽也。先仲父司空公
聞之、亦以為然、事遂已。誕日、余布筵設樂、先大人厲色
亟命徹去、且謂不肖兄弟曰、後日若遇舉鄉飲製壽章
兩事、皆謝疾力辭、永以為訓。
備人焉勤、素多病、向日者推算、咸曰壽促、焉憂之、偶遇

道人哀求延筭之策。道人曰：汝傭人也，惟勤洒掃敬字紙，便可獲祐焉。即具衣幕到處掃除穢惡，見字紙即取置一筒，抵暮焚之。傭工之暇日以此爲事。後年至九十餘，無疾而終。今士人書室中包藉糊拭盡用字紙，委棄踐踏，畧不經意。夫家世享用皆自字紙中覓來，而不知寶敬，夫亦不思之甚矣。

王龍川兆河爲冢宰疏菴公仲子。余過其園亭，見壁間書云：不佞兢兢業業，無事恒若有事，無患恒若有患。不敢妄出一語，不敢褻視一物，不敢奢起一念，不敢輕移一步。終日跼蹐，若宇宙無容身之地。龍川可謂過於慎畏

矣慎畏一念出於富貴公子更為難得龍川與先司空
公同舉山西鄉試少年得雋終身不仕每見余溫恭樸
儉不肯以齒德自居洵今之古人云
白敏中樂天從弟為相日吏部侍郎孔溫業求外任敏中
謂其同列曰我輩亦須自點檢孔吏部不肯居朝廷矣
如此虛中豈尋常宰相而史傳少之
薩五台掌吏部朝覲時考察群吏一縣官大呼曰五台老
矣胡不自休貪位固寵阻塞賢路五台不怒不辯第曰
少年人亦不可無此氣節竟置其人平等衆服其量
諸城丘司寇橓官省垣時楚撫方廉餽之五金丘發其事

方以此罷海鹽鄭司寇曉官銓部時里人餽新茗啓其
函內雜金珠急封裹如初善辭還之佯若不知二公同
一廉介而德之厚薄則有間焉
餘姚孫太宰鑨忠烈公孫也居吏部時其姊家貧受一吏
金爲求美缺公佯許之索其手本後數日姊云彼畏公
持正不敢具名恐得罪公笑曰吾亦疑皎皎心事尚未
孚於近吏乎事遂已
李文敏公廷相父子尚書當公官翰苑時以講筵應對稱
旨勑入內閣辦事公屢疏堅辭始免後諸門人張蘿峰
嚴介溪夏桂洲皆入內閣或尤之曰曩使公不極力辭

豈至出諸門人後公笑而不答余初亦不解今靜坐思維始知公淵衷大有定識一桁位云乎哉殺身雖大辯○皆不得令終○

王霽宇象乾鎮宣府日知粟價將踊先借帑金二萬兩糴而息之凡再三得息金三萬兩羨粟六千石郭青螺子章撫黔中販鹽於蜀販魚於楚帑金萬五千兩得息如其數以資軍餉當時說者訾以大臣行商賈之事寃哉治國如治家不可與腐儒道也霽宇八十四尚在鎮青螺身不滿五尺功業文章各過人數倍

嘉靖時海忠介公瑞在獄自分必死世廟忽晏駕提牢主事某設饌欵之海食飲逾常主事曰先生何歡之甚海

曰久知獄中倒將死必餓欲其醉飽而死耳主事曰莫誤

莫誤宮中昨日云云海聞之卽慟哭擗踴飲食盡吐海之悲慟豈出矯僞自古眞忠大孝只知君父不知恩怨不計生死方做得異常節烈若以世俗之心相律淺乎其窺測矣

後周劉辭官拜使相平居常被甲胄枕戈而卧謂人曰我以此取富貴豈可一日忘之且人情好逸一墮其筋力有事何以報國今人科第後便將書卷擲却背後終日酒色沉迷非求田問舍卽修怨剝鄰何肯作廻思一念

徐晞以邑掾起家歷官大司馬同列多輕之一日集孔廟

慨詞甚[illegible]亦甚確

三語可醒消客開秘

衆指宣聖像戲曰、君解渠爲何人、徐應曰、吾知其人是不由科第顯者、衆嘿然、夫賢才豈盡在科目中、至一入科目、便淫縱恣意、已不識孔子爲何人、而敢問之他人乎、明興以科目誤天下、天下又以科目誤朝廷、此言雖有激而非無見、

江綠蘿令長洲時、問張伯起曰、白樂天久宦蘇州、自言不置太湖一片石、與況不輸米顛乎、伯起曰、如此累心事、香山必不肯做、蓋天下事累心者多矣、都丟下不做、可使心不受累、凡人之躭嗜好者、得失勞頓、全不見有受用處、

河南唐縣庫吏陳文燿，耗庫金二千兩有奇，無力償補，自分不免。適有藩庄之役，先大人官其地，取陳之田充入藩庄，量價以塞庫耗，陳得減死，深以爲德，託其戚劉某爲致羅綺百疋、銀百兩，先大人厲色揮之。旣而余自唐旋，出境後，復託劉潛致之青臺鎮，余堅郤，且以報先大人。先大人呼劉切責，將命杖，劉叩首曰：「小人事人多矣，（○要○亦○不○取○方○是）非明而取之，則暗而取之；非强而取之，則順而取之。公（眞清）獨超然四者之外，小人不識人，幾玷公清德，願受杖。」先大人笑而遣去。

順治甲申九月，余自上黨謝歸，途中忽聞兵變，倉遽間急投太乙村砦避之門堅閉不肯啓陳懇再三始得入砦首爲茂才李某甫弱冠丰儀秀雅叩余姓余曰陽城白某李曰識舊唐令白公乎余對以先大人去令唐時三十餘載君少年何由知之李曰先人夙以谿縉居貨於唐毎云先後諸令惟白公不累行戶小子從襁褓時竊記之不意今得良晤後齋廻延之書舍渥承餼穀惠及僕馬曩使先大人不德於唐或難爲彼父兄則此亟修怨時也余不知將何奔逞矣

先司空公性清介鮮交遊即姻戚後進居津要亦落落如不相識崇禎初鉄冢宰廷議起公田間詢之同邑宫詹

下者皆云公韓贖不堪任事以素無交結故也今世士人一入仕版輒廣交客結借爲援引四海之内家家宗兄人人盟弟況鄉里姻戚之好乎前輩孤高狷潔遐哉不可覩也

吾邑前輩稱賢守二一都憲楊公繼宗一尚書衛公一鳳楊守嘉興九載不攜家室鋤强怍奸不避災禍署中蕭然無囊篋止横竹於壁懸數敝衣衛守青州青財賦地纖塵不染矣公矣愛眞古循良吏崇禎壬午公長子廷憲出守淮安道經其地青父老曰公守青時尚憂乏嗣我輩日夜焚祝今始知天之報施不爽也

楊貞肅公繼宗未第時，讀書邑北三十里之白巖山。冬夜獨處，虎蹲於戶，公吾伊達旦，恬不爲懼。後剔歷中外，忤抗權奸，亦不過持是浩然禦虎之氣耳。余少居是山，老僧指示舊跡，在寺前深澗中，疊石猶存，非公必不能寓此。

余邑良宰不乏，然不及劉蒲亭先生之清慎謙慈，一毫不苟。萬曆己亥蒞陽城，乙巳擢吏部，在邑六年，囊橐蕭然，歲時過往，不能爲司府具常儀，以故不得遷轉。時馬心菴大儒掌銓曹，先司空公以劉之清操告之，馬始得行取。劉亦乏寸絲作謝。前輩尚有古風，使在啓禎間，當以

數千金餽酬矣、劉名應奇、中年八卒、年僅五十、官終稽勳員外郎、余以童子遊其門、大見推許、負公不淺、

歲旱米價騰涌、斷不可遏糴、須內外出入價值任其自昂。遠方聞風而至、米必四集、價不期減而減矣。桐陽衛公守青州時、值大饑、不遏糴。不勸價。不強迫富室、所全活甚衆、深得趙清獻公衢州救荒之法。

崇禎庚辰大饑、吾邑版籍所載戶口一十三萬、死亡畧盡。存活僅二一萬餘、邑令定與李公、明而能斷、有弭亂才。最善者、禁亡賴一法、凡饑民要挾善良、徑投之溝壑、不問理禍非良、令將饑者死於凶荒、飽者死於挾制、欲保此

子遺也得乎

山谷集云或譏涪翁御奴婢不用鞭撻能慈而不能威涪翁笑曰奴婢之賤不過苟且而詐善偷惰而詐恭及退而自省不肖之狀在予躬者甚多方且自鞭之不暇何暇鞭人哉昔陶淵明爲令遣一力助其子耕告之曰此亦人子也善遇之陶所謂臨人而有父母之心者也夫臨人而無父母之心豈人也哉豈人也哉余每過奴婢過失時恒以山谷之言爲念

范鎮銘司馬溫公墓言熙寧朋黨云云溫公子康屬東坡書東坡曰軾不辭書懼非異日三家之福乃易他銘余

曉年人多白余求撰述每把筆輒以此三誦借令東坡未陷危險時亦未必有如許避忌

神廟第七女壽陽公主鄭貴妃所生遴婿時兩顧姓宛平人一冉姓固安人正炎暑時兩顧腐帽玉簪髮可以鑑衣裳楚楚香聞數步而冉則羅帽靑衫擎曲跽拜不敢仰視神廟隔簾向鄭貴妃指而目之卒選中冉都人皆讚神廟慧眼浮夸之不如謹朴也

先司空萬曆丁酉掌銓曹維時吏部權重即科道且奉顧指郎中可抗尚書故諺有侍郎不如正郎副郎不如外郎之語遇升黜時郎中與書記酌定尚書畫押而已侍

郎以下皆茫不得知。天啓時。以吏部專擅。科道合力糾之。吏部不勝。而權在科道矣。崇禎時又以科道專擅。內外厭之。科道消沮。而權在翰林矣。吏部兢兢救過之不暇。將一染鼎。無人不可要挾。司空公在林下。每爲子侄言之。

財利借貸。是召怨啓釁之根。在親厚中更宜嚴戒。世人衷腸無定。始而救其燃眉。非不感激俄頃。迨取償之時。剌忍吝惜。兼之囊澁。則昧心展託。智計百出。凡可塞其取償之路者。無所不至。我不忍割。彼不能償。惡聲反目。猶可言也。潛機暗穽。不可言也。邑爲鴻臚建亭。累貲巨萬。

深鑒此弊諸親友之以干請至者酌其親疎緩急賙給量力俱不責償異日故終其身内外姻友毫無嫌隙可爲世範

陸平泉樹聲鴻詞清節卓冠一時處嚴徐張三相公之間不激不阿翛翛玄翁壽九十七贈太子太保謚文定官至尚書實俸不及十年先司空公居官實俸亦僅十年恒取以自擬

尹師魯一日手書與范文正訣范差人視之師魯方沐浴衣冠而坐笑曰希文猶生人見待洙今死矣少時而卒亟報文正文正至哭甚哀師魯忽舉首曰生死常理希

刘文登不達語片時、乃揖文正而逝、俄頃、又舉首顧文正曰、無鬼神亦無恐怖、言訖、遂長往、後人謂師魯有得於禪學、余曰不然、師魯亦何能預知死期、只是平日見得明養得定、視生死如晝夜、臨終時靈明烱烱、雖無大疾苦、自覺氣血將盡、因得以從容訣別、若數數舉首、是尚有未盡之血氣耳、使數日後安能爲此、世人未達生死之理、咸詫爲怪異、不知師魯亦平平、只一點靈明不散亂、是大過人處。

先司空公、屬纊時、聲已不揚、忽附耳語余曰、記得同年藥台山之從祖名廣才、素辟穀、垂革日、謂台山之父見山翁曰、有一偶句、辟穀身輕、好把清虛還造化、降生任重尚懃忠孝謝君親、又謂見山翁曰、爾之子必貴後台山果拜相、先司空公意殷殷在屬望、顯見公之愛我深矣。

顔氏家訓末篇、戒其子後事云、松棺常衣、親友饋酹、一皆拒之、明器碑旐、並從停省、勿竭貲營費。以餽後人。又云汝曹宜傳業揚名、不辱其親、便爲至孝。君子應世行道。亦有不守墳墓之時。不必顧戀朽壤、以取湮沒。語語可法、余崇禎辛巳秋、喪室人、栗棺椰衣、頗稱無憾。止於紙劄俗套、儀從省約。內外皆嘖嘖有言。不聽也。

吾邑水甘冽而土磽确、所産之人、硜硜自衛。鮮俠氣。諸縉紳位至宮保家同田畯皆以清謹造品從不敢擔當國事不敢振刷里俗斂鋒守鍔郎宗戚抱沉寃亦閉戶掩耳慄慄然惟恐禍之及已藐山舊與及門一獄引陳同父相勉余憶朱晦翁語陳同父云真正大英雄從戰戰兢兢中做出來人謂朱向同父頂門一針今藐山卻以同父激勸後學是又向吾鄉士大夫頂門一針矣

宗伯周文恪公子義之父曰敷號煦菴工醫嘗曰病不能死生藥不能生死二語細思之最有味文恪之子爛讀官詹事太子賓客亦贈宗伯

韓昌黎讀歐陽詹文知其內行歐陽文忠閱子瞻試卷知

其國士是以文章卜人品較之論太素推祿命相面貌更準惟在慧識人得之牝牡驪黃之外

王疎菴冢宰有識鑒一日在高平劉尹座劉出其子鴻訓及同總二孫一張并館師王五人謁執請政疎菴覽之驚曰皆卿輔才也安得萃處一室館師文雖工福遠不及諸子時先司空公爲劉門生亦在座歸以語先大人先大人命諸子識之後孫公居相壬辰進士官戶部尚書孫公鼎相戊戌進士官副都御史張郎金銘庚戌進士官總憲尚書鴻訓癸丑進士官東閣大學士其館師王家礎亦壬辰進士選涇陽知縣未任而卒於途疎菴

之言竟不爽。劉長山人名一相，官至憲副，輯詩宿者。先大人兄弟諸字，皆劉命義，撰有字說。

陳後山有一帖與山谷云：邇來起居何如？不至乏絕否？令子能慰意否？平居與誰相過從？有可與語否？仕者不相陵否？何以遣日？亦著書否？備盡憐恤之意。讀之憮然。至謂仕者相陵，尤可慨歎。時平勢殊，尚有相陵之慮，若當遷變之世，山林迂朽，又不知何以自存也。

白樂天曰：吾生天地間，才與行不逮古人遠矣，而富於黔婁，壽於顏淵，貴於栁下惠，樂於榮啓期，健於衛叔寶，幸甚幸甚，餘何求哉。因作詩曰：不知天地內，更得幾年活

從此到終身盡爲閒日月余今年近七十幾年之活業已聽之若所謂閒日月者又風群鶴喚不知徼倖能終身否

曾文恪公鐸爲孝廉時屬遠行遇雨雪泥濘夜止旅舍憐其僕寒苦呼卧之衾下因賦詩云半破青衫弱稚兒馬前怎得浪驅馳凡由父母均爲子小異閭閻我却誰事在世情皆易忽恩從吾幼未難推泥途還借來朝力伸縮相加莫致疑今富貴家鞭撻駡詈不啻牛馬尚能恤其飢寒勞苦哉記以示吾家子弟

白樂天與楊虞卿爲姻家而不累於虞卿與元稹牛僧孺

相厚善而不黨於元牛。爲裴晉公所愛重。而不因晉公以進。爲李文饒所憎忌。而不被文饒所深害。處世如是人亦足法矣。樂天幸出吾宗。私心願學。而文與位俱不能及。若聲色一途。自謂過之。非盡因力不足也。

容安齋蘇譚卷之三終

容安齋蘇譚卷之四

譚戒

世知東坡以詩文罹禍，不知山谷亦然。山谷修神宗實錄，議者言多誣失實，召至陳留問狀，三問皆以實對，責授涪州別駕，黔州安置。又過荆州，作承天院塔記，轉運判官陳舉摘其間數語，以爲幸災謗國，除名，編隸宜州，遂卒於宜。凡文士下筆，要先爲此慮。若遇忌諱之辭，可已之事，斷不可輕議。

山陰對南王公家屏，戊辰進士，官庶常時，同館一少年，頗負才名。一日見公案上一異書，展玩良久，徑袖而去。公

亟呼取之少年曰知兄無用此爲也公嘿然不爲較後
少年官屢顛躋公爲宰相以文行顯此足爲輕傲負才
者之戒

憶昔余從先大人任宛唐時曹少司馬薇垣爲諸生執藝
署中向余請益嘗偕余遊楚遊鄭恂恂都雅若處子自
言目有夜光入暗室操作不用燈火余訝其非恒人已
而聯第守齊撫吳總督薊遼所至著能聲後不善居鄉
手挾邑令令乃族其怨家窘辱萬狀憤懣暴卒令摭拾
其事以不法聞言官又參其子孝廉得重譴余目擊曹
寒微而富貴富貴而驕恣驕恣而横禍三十年幷沉消

長晰息間耳。

卓吾李公萬曆戊戌秋，寓沁水劉司空晉川之家，性剛拗快率，不苟不徇。果於好惡，髡而服儒，隱而近貴人，多憎嫉，而識見筆力，往往超人意表。吾邑好事者多與之遊。在沁水，著有明燈道古錄，後入燕臺，爲張公問達疏參，自到於獄。卓吾閩人，官姚安太守，棄家譚禪，可謂高矣，而遨遊都會，意欲何求？非仕非隱，身名俱損。嘗見其一聯云：禪緣乘入，有下乘、有中乘、有上乘、有上上乘，參得透一乘，便了佛；以法修，無滅法、無作法、無非法、無非非法，解得脫，萬法皆空。

唐沈詢鎮潞日寵一婢妻不能容因配其僕歸秦然與婢往來不斷歸慚恨剸刃於詢劉建封鎮湖南日與幕官陳某之妻淫陳爲同列所戲恥而忿怒伺便以鐵蒺藜擊殺建封二事皆以淫慾致禍今之富貴家率意縱恣不知避忌獨無覆轍之鑒乎

郢中士人白綈之嗣舍其姪而養一屠家之子後長至日祀祖先偶一客宿其鄰夜見一屠人與數士人向白氏之門爭奪酒食而屠者得之次日問知其故始信肸蠁隔於異姓綈甚失策余年三十時尚未抱子因與諸弟約倘竟無出當嗣以姪誓不聽婦人之言養異姓亂宗

泒朱幾余生七子今撫其四一念孝友誠可格天若身後之蒸嘗更不待言矣

并州數稱張幼于幼于有奇癖好藏假面豪縱不檢萬歷乙巳因與一有夫之伎久不放贖伎夫㘅恨乘其燕客夜半殺幼于一家七人客及幼于皆及難是時李卓吾以講學倡達觀以譚禪皆相繼斃死人擬之臧穀亡羊而幼于酷矣

湖廣進士王仰初任新興知縣有僕王效真等三人同衙役作弊入覲後事始發會調閩縣仰在途時時怒駡恐縣之新興有鷄爪蘭花毒如砒鴆三人竊藏之抵閩任

進曉饑、三人擣藥汁、拌豆芽菜中、御食之、夜半死、其子廷試根究。三人吐實、皆伏辜、而御不可起矣。御既得其奸狀、不即治。又不逐之。且時嗔嚇。忘警備。何以自免。筆之以爲御下者殷鑒。

一、子孫名字、當揀擇僻冷。不可蹈襲前人。不必取義本姓。天啓間、崔魏欲罪錢受益、以爲錢謙益之弟、又欲罪黃顧素、以爲黃遵素之弟。已而左右忽查其籍貫父母。始知不相干涉。方得脫繳。是名字於人亦大有關係。

一、崇禎末年、晉撫蔡某出令、堅壁清野、士紳不得出城、余心竊之而不敢辯、嘗記晉江王遵巖之言曰、清野是防邊

一策若內地惟在郊關外村落生聚然後能成治耳宜令各鄉大姓度地利自相團結使嘯聚不得逞而後城內可恃以無恐惜蔡不聞斯言旋及於難

奉聖夫人客氏明熹宗乳母也權燄烜赫在帝后上每歲月一出宮歸私第皆夜漏五鼓自咸安宮盛服靚粧待從數千人各紅蟒玉帶大燭巨燃不下三五千枝提爐爇沉水香烟霧遮空人如流水馬如游龍呼殿喧轟有踰警蹕入第升堂端坐諸猱謁挨次叩頭老祖太千千歲之聲殷然震天每一出欽賜金錢彩幣不可勝計日輟御饌三時賜之傳奉宮使絡繹於途從古專擅之寵

莫與爲比。天啓丁卯十一月始籍没家産、笞死於浣衣局、焚屍揚灰。并誅其子。人心始快。

明熹宗懿安皇后懷孕、偶腰痛、客魏娟嫉、使摩按過度、致令墜落、又裕妃張氏將臨蓐、客魏矯旨禁閉、斷其飲食、病革之際。匍匐伏飲簷霤而死、以故熹宗三子二女皆不育、客魏以爲得計、不知此正失計處。借令熹宗有三尺之胤。客魏負扆臨朝。將權勢更倍於昔。焉有阜城礫屍、浣衣局揚灰之事。造物皴弄兇淫。恒令其自爲陷阱。最快人意。

趙大理任號祖洲、膠州人、先司空同年進士、語先司空云、欒御史爲趙壻。趙有寡婦，欒欲聘爲妾，趙不允，以是欒趙結怨，聲聞於鄉。一日欒卧病，寵妾與其奴私，欒知之，與妻議將究治。妾竊聽，語其奴，奴厚賄一屠人，暮夜入室，殺欒夫婦，以血洒趙氏之門及所經道上。欒無子，奴妾佯呼集衆跡之，坐趙大辟。後青陽章時鸞爲州守，疑之，密訪奴所厚者何人，知爲屠，擒屠毋訊之，立得實。屠伏辜，而趙之獄解。趙即任爻。折獄者貴虛其心，居家者當愼其口。先司空毋舉以爲戒。即杜華先

許繩齋維新守澤州日，督學某以校士至澤。某爲許同里後輩，恃才輕佻，待許甚倨，以館穀過索，譴其承事人。許

星源變試士命題云不知者以為為肉訛

不堪停傳給凡三日其窘馳去移文撫院魏公允貞云州之供具僅烹一母鷄而食魏公蕭然雅歎許批其狀云食鷄有何不足而以為饑至露筆作罪案耶某大媿引疾旋里

李九我相國年逾五十無子丁旼亭大理過其署苦口勸以納妾夫人在屏後聽之大怒丁呼掌家老媪出返覆引譬語語痛切老媪泣下夫人因醒悟亟呼媒納二妾因生二子孫月峰尚書亦無子旼亭亦如前勸之孫不應且拒之曰釋迦不以羅睺傳仲尼不以伯魚顯九我清品蓋天假丁以裕其後○

一郡守性卞急多怒司理婉辭規之郡守曰若顏子不遷怒何如司理笑曰余惟恐公之不遷怒也郡守色變司理曰若遷其怒人者以怒已則遷可消怒郡守愧服

唐一律僧臨壇度人遠邇信仰後一日發露被汚之婦尼百四十五人尚書李璧鎮東川日按戮如法近有一婦人與律僧交往夜坐受戒令人不疑是本初設戒爲入道之門而末後倚戒爲藏奸之室防淫實所以導淫也

余邑西劉村僧洪密唐明宗時人善譚公案甚爲時重預以柿棗菽麥造爲糗糒築之墻中明宗兵過憐其方丈蕭然坐頃啓墻千騎俱飽明宗神之登極後大加寵遇

洪密能權術惑衆自云身出舍利每坐起撼民競趨拾之然皆僞物詳見宋孫光憲北夢瑣言余生平見諸名僧遠邇爭迎孺婦共仰者無非弄詐僞之徒行檢尚在洪密下○

隋唐嘉話云褚遂良其父亮尚在乃開別門嘗有勑賜遂良使者由正門而入亮出應曰渠自有門當時許以爲異今之富貴者豈特別門而已哉宋蔡京父子可鑑也

江南張洎爲士人時謁張佖稱從表姪孫旣及第稱姪稍貴稱弟及秉政不復論中表以庶僚遇之事見司馬溫公瑣語當溫公時尚有古風在今日則仕途沿爲定例○

凡親族尊卑以爵位爲遷轉如滚盤珠也

予嘗宿一富室用綾被而布其裏被之近頤口者又以布緣之外觀美而内粗澁實無尺寸之綾得親其體者矣吁嗟久之偶憶梵志有翻着襪詩云梵志翻着襪人皆道是錯乍可刺你眼不可隱我脚謝上蔡有言今人做事只管要誇耀人耳目渾不關自家受用可笑之甚該頭以綾帛爲緣呼爲被池欲其適於頤口也

浙之湖州有兄弟二人俱以知州致仕在籍終日争産親友勸諭不能解同里嚴公號溪亭素以孝友著聞事兄如父偶過其弟於舟中語及産事嚴曰吾兄儒甚吾止

慨之使得如令兄强梁可以盡奪吾產吾復何憂因揮涕不已其弟不覺愧悟遂拉溪亭同至兄宅拜泣自責其兄亦感動以産相讓友愛終身溪亭可謂善與人同成已成物者矣

自家手筆得已不可輕下寸楮之微釀禍不淺沁水孫尚書拱陽以答楊給事沁渭書語中譏刺時事被人舉發遣戍上黨先尚書以荅人書有實石二字其人執之挾制後人數十年不休手字關係如此况於詩文貽累如蘇黄諸公更爲前轍

凡遇奇異之人奇異之事要有定見守我庸行漠然不惑

方集註誤江西舉人但調元素有文名一日遊瓊州遇李某王某講天文但尊信之許爲異人萬曆癸丑會試但首二場佳甚葉臺山相公已擬爲會元及閱第三場問天文策但對云惟海上李某王某可聘入修定欽天監驚至黜落之朱平涵相公曰但生瓊州之遊特尋究對以阨其進取耳余筆以爲見識易動者之戒

嘉靖中河南巡撫某値肅皇幸楚作詩曰穆天八駿空飛電湘竹英皇泪不磨後被讐家上其詩云怨望呪詛下錦衣獄論死時某年八十以陶真人力救得杖免其在獄猶吟詠不輟王鳳洲稱其意氣勝於蘇東坡東坡爲

語言頗惱一生而誇其所短乎詩人當以某爲戒偏强不悛何足取

王渼陂以翰林改吏部工辭曲撰游春記人謂記中李林甫指李西涯楊國忠指楊石齋賈婆婆指賈南塢竟以此終身放棄而徂博一輕薄之名文辭之士當借此爲殷鑒

陳山人蒙澤頗有骨性素與董宗伯善一士人託轉求其筆山人曰董筆纖工亦不必貴問其故曰其人性情特異姣童少艾環而乞書牀褥不厭或名公巨士造門請求雖旬月未必得也士人笑而止

富平楊忠介爵少年時聞韓苑洛賢挽車載米受業其門居數月韓公以乏嗣偶聽親友之言納孀婦爲生子計忠介知之請辭曰爵不遠百里而來以先生居鄉事事可爲師範今納失節之婦是亦失節矣久侍無益也

唐給事王祝自常州赴徵召路出甘棠適王拱帥其地慕祝聲望且同姓率其妻拏願執子姪之禮祝鄙其人嚴拒不納拱大怒促行潛令人前途害之舉家百口悉投於黃河掠其貲三四百籠以舟覆奏聞値多故置不問夫仲尼不爲已甚當危亂之世人情險毒世態遷變持重貲與挾驕氣皆非明哲保身之道古人散財遯跡良

有以也。
馭亂者、邊幅警備、恐無以得豪傑之心。開誠不疑、又恐以蹈意外之變。明末、河南撫臣王漢、字子房、山東人、英畧絕世、偶以鄉紳與武弁小搆、挺身暮夜撫之、屏騎直前、倉卒遇害、美業不終、可痛悼也。
譚友夏河洛人文序云、督學使者於鄉闈放榜後、以一月升沉、忽變其場前愛重之初念、入而揖禮貌衰、久之訓其文、不使與雋者齒、師倦友怠、冷煖侵人、嗚呼淺矣哉。師友之相處、道德事功文章三者、有一、皆可以不相負、豈區區在榜中片晷也。余髫年受知無錫周遊峰先生、每見吾鄉人輙相訊歷，今五十年矣，彼時獲儁者皆物故。不知於道德事功文章三者，各建立若何，而余迂拙不售，尚延殘喘，兢兢繩檢之中，兀兀燈牕之下，使先生見之，亦作冷煖態否。

晉城劉寅所好滑稽，嘗曰：梁武帝久斷慾，宮女多抱懷春之疾，帝問藥於誌公，誌公以數十强壯少年爲藥料，送宮中令服之，不旬月，宮女皆貌舒體胖，稽首帝前謝良藥。諸少年亦俯伏於後，枯瘠蹣跚，形狀如鬼。帝驚問爲何物，對曰：服過藥渣。今之羸體以媚婦人者，皆藥渣也。可惕然警悟。

余偶遊僻野見一道人瞑目獨坐詰之曰不近城市僻野何得道人曰業已飽食無所求余曰不爲明日計乎道人笑曰鄙人閱歷久矣每過朱門大第見賓客擁砌粉黛遮筵稍近其階輒呵聲如雷不敢仰視又數年後復過之淒風冷日蔓草縱橫即昔日歌舞地也彼其人豈不作千年計一朝長寢萬慮俱寂況鄙人雲水行踪今日敢爲明日動想余聞之爽然自失

宋丁謂治第患其卑下令集禧觀鑿池取其土以築基而第遂踞高爽慮其岑僻奏開保康門通大道而第遂臨要衢可謂善於營創矣不數年籍沒其家以第賜戚畹

數語自道，眞足盡公平生。

見得到，說得快。

楊景宗，景宗即昔日治第時役卒，倚土於觀中以築基者也。

湖廣巡按朱謹吾爲張太岳相公建三詔亭，太岳作書辭之曰：「吾生平學在師心，不期人知，不但一時之毀譽不關於慮，即萬世之是非，亦所弗計。況欲侈恩席寵以誇耀流俗乎？且盛衰榮悴，理之常也。時異勢殊，陵谷遷變，高臺傾，曲池平，雖吾宅第，且不能守，何有於亭？數十年後，此不過十里鋪前一接官亭耳，烏睹所謂三詔者乎？」

太岳有才有識，擔荷宇宙之人。後世僅僅以權臣相擬，屈矣。

處世不可苦作計較利害倚伏往往出人意表崇禎癸酉戒嚴邑令中岳楊公命里人僉泒壯丁里人俾余手書諸僕先爲勸導已而諸巨紳富室之丁壯皆減於余余詰其紿巳里人曰出爾自泒于我何尤余笑而不辯洎楊公閱視則罷去諸僕止留兩人余戒諸僕幸拜惠邑令毋自矜里人見余多寡喜慍不形於色潛抱愧讓其同儕曰吾巳何爲負此長者因并兩僕亦罷去嗣後十年來闖邑丁壯奔馳苦累而余諸僕晏然獨免於役里人亦無後言此事殊類塞翁

富貴自讀書中來子孫享富貴則棄詩書矣家業自勤儉

中來子孫得家業，則忘勤儉矣。一老媪居與先司空公書室隔一壁，嘗云司空公每讀必至夜分，媪機聲與之相和，如此十餘年，始得以省元聯第。先司空公之於詩書何如也。先大人氈巾麻履，暑月恒絮被，爲邑令無銀帶，拾司空公敝帶服之，從未睡至日出。先大人之於勤儉又何如也。今子孫數日不聞一書聲，日三竿尚囈語，家漸落，飲食服玩仍如平日，吾安得不浩歎。

親戚朋舊當厚寄時，不可以私事語之，一旦失歡，彼且挾上一層而中我矣。然失歡之時，不可出惡聲，非特厚道，恐既平人猶慮到此一層，人慮不到。之後復與通好，則前言不無慚愧。余別駕弟與一友交最審、將少年隱事、吐泄無遺。後其人要挾百端。弟終日供應不敢忤。雖先司空在堂、不能禁也。

張藐山尚書家園、踞勝沁溪、敞麗幽清、甲於三晉、藐山性喜山水、好讀書、咸謂人地兩得、六旬餘、起官司空、徘徊園亭不能舍、出山後、子坦之孝廉、益加修繕、迴廊複閣。高下轉折。遊動經旬。疑非人間。藐山外、匪不得一見。亡何、坦之歿於難、一孫孑然。踉蹌南奔、家止栗夫人、園虛無人、順治甲申秋、余自上黨奔歸、過其園、謁坦之祠、悲慟不能仰視、因憶十年前、同楊沁湄、石翁雲、張去偏、舍弟子益輩、數過其地、臨流倡和。倚檻勸酬。曾幾何時。而

各四散去園扉深瑣惟有鳥聲上下竹影橫斜而已

術數之士切不可信今有見人使出一印封納人袖中令人任意誦書語一句誦旣啓封中即明寫所誦書句人皆驚異爲神且紿人曰場中之題亦可預報少年輩易爲所惑不知此淺近欺誑之術也道破令人一笑

一客偶稱富貴家同座語之曰富貴下不得一家字如富貴以我爲家則不應走向他人矣富貴旣遊走不定我乃富貴之逆旅也客爲之色沮

朱國楨相公戊戌在會試場中取中一卷偶策有國楨二字同其名因棄去陳如岡太史房中取中一卷策有如

此段遺事人多不知

岡如陵句棄亦如之、用詩書成句、偶同試官名號。此何嫌何疑。而今高才積學之士、俯首抱屈、雖人生功名有分、司衡者不幾於因噎廢餐、望月生喘乎。

明熹宗天性極巧、癖愛木工。手操斧斲、營建棟宇、即大匠不能及。又好髹漆器皿、朝夕修製、不憚煩勞。當造作得意時、解衣盤礴、非素寵倖、不得窺視。或有急切本章、令左右讀之、一邊手執斤削、一邊側耳注聽。讀奏畢、命曰、你們用心行去、我知道了。所以太阿下移、客魏諸人、口銜手握、專恣無忌憚矣。

余嘗疑唐李虛中善推祿命、言無不中、乃虛中晚年、煉黄金求不死疽發於背以死可謂不知命之尤者。明劉伯溫精通術數凡事前知當其仕元末爲事擬辟羈管紹興路慟哭欲自殺賴門人密理沙苦留。得不死。似不知後日有佐命之勳者。是兩以明於知人而暗於自知也。殆不可曉。

容安齋蘇譚卷之四終

孝安齋隨譚卷之五

譚核

司空圖河中虞鄉人、唐末以禮部員外郎棄官隱居王官谷、數召不起○時天下板蕩、獨王官谷以圖故不被兵燹、士人依圖避難、獲免者甚衆○年八十、梁初始卒、王禹偁五代史稱其能文、躁進負才、慢世、不名官位、但稱知非子、文稱耐辱居士、全唐詩話中亟辯其誣、今邑西靈泉寺、圖譔碑文猶存、詢之鄉評○圖實晉中遞德、禹偁之言大謬、

高陵呂生、以堪輿之術造余、辯駁之頃、忽出其不意問曰、

不知子平之理亦有否。呂曰、公疑堪輿、并疑子平耶。如

敝鄉溫公、南公等、財官食印如此、富貴福澤如此、即影

響之撓不奮也。余笑曰、果如所說、則子之術左矣。子平

以禍福爲造化之一定而不移、堪輿以禍福爲人力之

轉移而不定、二說正相矛盾、今何去何從。呂生茫無以

應。

藐山之園曰泊水、余一日同沁涓、貢闇二楊公在藐山座、

請泊義。藐山曰、未閱水經乎。余曰、正以水經爲疑耳。水

經沁水一名泊水、公園倚沁瀕、以泊命名、恐誤。藐山曰、

吾止知爲泊、不知泊也、因傾二公。二公皆以泊爲是、余

疑三公所讀同出一本論之異皆彰德翻刻非南本
余曰泊取及意義淵也泊則水之止而不動者三公皆
誤矣所取南本證之審於衛後貴賢更其堅爲泊而藐
此迄不能改長公刪之序其詩又劇爲之辭何若易以
泊字爲典
監王綱闔家屬誌浮水劉司空嘉顯用公論朝聞久
死稱强蹶風跋無生爲解嬾謬先師之青余辯駁再三
而公不余是也今按于宗伯狀亦河漢其言嗟乎公勳
猷節烈標懿垂鴻業足以不死而猶詮綜度世法欲兼
集儒墨之成超詣神聖之閫也未免軼於中庸矣蓋劉

雅與李卓吾友善，父子尊信其說，王雖揄揚盛美，終不肯阿附禪宗云。

吾邑張藐山、兩蒼兩公同在台省，三朝要典摘其章疏訐駁以爲口實。兩公雖心事光明，昂望端直，而當時持議必欲以挺擊紅丸之罪株連方輒，不無苛索。盖太平日久，言官氣盛，本無事強尋一題目，張大其說，以筆舌雄辯爲才幹，以糾劾宰相爲風力，不意正人君子亦沉溺莫覺，致令當時乘其瑕隙，借以中傷，引繩批根，諸公不能無咎。

先大人好圍棊，幼與司空公同赴鄉試，遇二人奕，旁觀之輒解悟司空公曰第不肯鬭落一子耳先大人曰當居高觀下不可入甕運甕巳而遇新安曹生曹教之曰棊求制人而不制於人貴在着着操先手先手一爲彼所得而我受制於人矣先在彼當棄子以求先先在我當無使彼有可棄之子先大人聞其語益精進稱晉中高手晚病風痺尚於茵蓐間獲勝着以深嗜入神故也

陳景雲勳閩縣人鄉會聯魁詩文寫畫皆精妙謝官日扃戶讀書嘗一至烏石山聞客聲即走每談至佳山水輒心動畏客輒不往董侍郎應舉嘲之曰世皆如子直須以環堵爲天地即日月山川皆空設矣陳大笑不爲意

指庭間花石盆池此非吾之五嶽江湖耶余嘗識其友
魏誠甫煙談之娓娓實獲我心魏亦善寫画

李于鱗子駒敏慧能文有聲歷下王元美屬司理魏允孚
因秋闈之便拔之曰雖私亦公也魏在場中檢之數日
不可得既放榜見駒卷委於櫃下塵土中七作皆大佳
因知命果有定人力不能爲也駒未幾病殁無子于鱗
之白雪樓竟屬他人也

紫清眞人白玉蟾瓊州人天資穎異於書無所不讀下筆
瀟洒出塵草書亦雲動嘉定間徵赴闕應對稱旨館太
乙宮一日不知所往後世之以文人得仙訣者紫清爲

冠、或乃云姓葛、名長庚、亦何必過爲是推求也、

烏程朱平涵閣學、有湧幢小品、中談諸縉紳、多信耳俗傳、不及五雜組、五雜組爲閩人謝肇淛所撰、博言天地人物上下古今之事、甚有妙緒。惜末卷記笑謔、宜刪之、

文章家機調、與其時尚關通、如鍼芥投吸、合時則淺學初試、便可獲雋、違時、卽名宿大章、亦覺忤目、有不知其然而然者、馮琢吾宗伯、時藝最精、癸未見劉復初闈中文、決以名第五十、後果然、人以爲神、凡門下士過科年、皆持卷請決去取、言無不驗。洎乙未以後、馮之言無一驗者、馮一人也、豈識見另有高下、第前之識與時合而後

之識與時違耳。余嘗謂子弟之文能與時合。便是家門興起之兆。

唐張巡。史云。鄧州人。不知先世實自山西蒲城徙居鄧州。蒲有巡墓。死節後。里人欽重。葬其衣冠之所。永樂中。有張隨。字子貞。即其裔。任戶部主事。清節異常。謝職後。躬汲水。妻舂米。茅屋村居。依然寒畯。克纘家聲。

華臺禪師。楚人。卓錫高都岡頭鎮。余過其方丈。談及生死。禪師曰。生是因。死是果。凡生時所做工夫。全要死後受用。所以儒家曰。朝聞夕死。孔子寧肯容易死耶。朝聞內有許多覺悟。豈可輕輕放過。人云禪師學問淺。此豈淺學人語也。

余少讀通鑑，爲丁南湖奉所刪削，不知丁爲何人。後見衛司馬公詢之，云丁常熟人，正德戊辰進士，官南驗封郎中，年三十九致仕，累薦不起，恬退爽朗，優游林下，文而壽康，世之快士。

袁了凡初名表，萬曆丁丑下第，夢袁黄作會元，因改名黄。比下科登第，則會元袁宗道，黄汝良次焉，亦異事也。但了凡自少年時遇異人，知數前定，不作營求，而復改名以希冀于不可憑據之夢，是了凡于前定尚在疑似之間。

先大司空公諱所知萬曆丁酉掌銓曹清直之聲徹於禁闥給事中某爲首輔私黨公以年例斥之外藩首輔持其啓事不肯下而公丁艱謝職去矣某讐恨劾公誣以匿喪首輔票旨罷公官次年秋忽憂危竑議書出假名朱東吉設爲問答呂少司寇坤閨範圖説之事謂呂邀援宮禁動搖國本一時名人若張養蒙劉道亨魏允貞鄧光祚洪其道程紹白所知薛亨鄭承恩等皆稱呂坤所見極高意在中傷諸公其禍不測賴鄭承恩以咸曉之誼上疏力辯乃坐其書爲某譔神廟震怒某遣戍首輔削籍公論稱快

萬曆癸卯冬都中又出續憂危竑議一書意在傾沈一貫王世揚李汝孫璋王之楨等後云項應祥撰喬應甲書神廟覽之大怒懸五千金購其人時沈鯉獨妖書無名上亦疑之日夕焚香自誓未幾錦衣崔德緝以爲皦生光矣生光順天府學一黠生素行無賴曾以嚇騙富商包繼志遣戍大同時新赦還妖書實非其手竟凌遲處死後都人嘖嘖云妖書係中書舍人某筆生光罪惡貫盈鬼神巧借以殛之爾

御史沈某當萬曆甲辰春審妖書時皦生光哀籲鳴冤沈不之顧且聲色震厲徑坐生光生光努目切齒含恨以

死後沈出巡途中得病謂其僕曰昏憒中見繳生光索命病不起矣已而果卒其原誤妖書之某不久亦染病屢見生光現形寃叫世勿謂怨讐之茫無報復也

謝武林官工部時納一燕姬品之曰饞也嬾也淫也拙也才也五者全備歷驗之謝言不爽若維揚則文雅柔順實有所長

冢宰鄭菴王公身長八尺才畧過人晚年以纖事玷其名節至今隧道之石不克舉余深爲憤惋公與先祖司徒公善先大人率闔座爲公洗滌僅得冠帶閑住余時方舞勺尚記其事偶公之夫人覓爨婦適一媍婦貧窘不

能自虔夫人遣騎呼之孀婦王與其翁因他事訴忿爭
卒自刎翁惶懼借公解免按臣某預中譬曰不細察以
爲過娶烈婦具疏曰白髮貽士君子之羞紅顏吐女丈
夫之氣時公已八旬外孀婦曾經再醮且議備工非聘
娶而公竟含冤不獲自白悒悒以歿

謝茂秦山人嘉靖中與王李結社號七子後以嫌隙見逐
然茂秦眞能詩亦何必藉王李爲重嘗見其所著詩
數稱王李不置口此其所以見逐於王李也

鄭玄註周禮云羣妃進御之制女御八十一人當九夕世
婦二十七人當三夕九嬪九人當一夕三夫人當一夕

后當一夕十五日而遍自望後而返之卑者仍先尊者仍後此言余嘗疑之以一人之身而日與數十人交合無一寧晷雖金石之軀亦難與堅久矣後見楊升菴集亦大斥其説

蔣山法會記宋潛溪撰敘明太祖虔誠廣薦之日雲中雨五色婆羅子夜半作佛光五道從東北起貫月燭天種種祥異記中數稱南京或疑南京字爲後人語余偶覽留青日札云洪武元年秋八月以汴梁爲北京金陵爲南京始知文出潛溪無疑識見不廣必不可輕爲指摘

漢食貨志云冬民既夕婦人相從夜績女工一月得四十

五日謂一月之中又得夜半爲四十五日也余鄉麗洪名士小試用此督學吴蜀人覽之怒曰汝并曆日亦未讀乎麗笑而不之辯

崇禎時平臺召對詔侍臣曰奏疏中往往言三空四盡空盡指何物侍臣俯首不能對二事皆奔隱僻一漢陳蕃語謂田野空朝廷空倉庫空一宋魚弘語謂水中魚鼈盡山中麞鹿盡田中米穀盡村中人庶盡

白巖中傳學孝弟隱居大梁號梁丘子開元中王志愔表薦徵赴京師巖中辭以老疾授朝散大夫不受請歸鄉唐玄宗手詔褒之香山之名傳百世而巖中無聞焉隱

與顯異也。

余辯予口吃，友人謂余曰：韓非、周昌、揚雄、鄧艾、陸贄皆口吃，吃何害？余笑曰：子不知白樂天乎？樂天一代風雅，號囁嚅翁，此自是白家門風。

泰西熊三拔傳水法，潞江徐太史光啓爲之筆記，不特格物制器，利賴不淺，即其文章蒼勁，堪與考工記並垂不朽。河東曹中丞于汴撰序，大加稱賞。

議者因豪強并兼，便欲嚴杜放債之家，不知貧富相依，如子母緩急權借，亦是救賑一策，第不可任其勒抑[illegible]

田家[illegible]謂輔臣曰：若債止償本，誰肯出放？是

廢食反爲民病悖烈償還利過多者依條除放此皆

權宜之術

漢梅福歎曰生爲我酷身爲我梏形爲我辱妻爲我毒遂棄妻入漢崖山梅福之處閒闊視飽宜深鴻殘爲不幸惜今人遭際惡婦不能效梅福慨然決絕徒步入山耳

弘正間人稱何李謂信陽何大復景明慶陽李空同夢陽何十三舉於鄉十七成進士慷慨負義終提學副使年僅三十有九李數以危言構禍剛毅不撓未免有尚氣傲物之誚官亦提學副使詩學杜子美壽五十八亦與子美同雖下吏四次而晚景富傍享厲逾於子美與大

復論詩不合竟絕交。旁其尚氣之過。

宋趙挺之、御史。彈黃魯直除右史、云不當御史中丞孫覺之壻、戶部尚書李常之甥、左司郎黃廉之姪、翰林學士蘇軾歌笑謔浪之友、黃廉元豐時、曾提舉澤潞、過余邑海會寺。題新篁記於壁、文傳挺而字蒼媚。自是蘇黃一流人物。寺中碑記如林、獨此見珍。

陸魯望塑像、藏其生平詩文於腹。此文人傳後之一法耦。了遠造開福寺大像、向余乞詩文、諸稿時太平無事、余不解所以藏之之意、漸弗予也。

邑西二十里澤城村、即漢之濩澤縣、旁有一澤、滙數十畝、墨子所謂舜漁於濩澤即此舊有泊水余崇禎庚午冬遊其地云近歲水始涸漸將泯其古跡陵谷之變遷可歎也水經云陽泉水南注濩澤今邑西尚有陽泉之名

或問屠赤水曰婦人纏足拘攣臭穢至不可令人睹近而舉世從之如一轍何也屠曰正如沈韻一書世人受其其束縛而細詳字音或一韻而分之或兩韻而合之入聲尤甚雖文人鉅匠不敢出入甚矣習俗之難變也

山邑之字學縉紳之士出口皆訛舛余少得趙心盤篇海與亡友見庚朝夕披覽如寶奇珍然以字母分次不便檢尋壬申在高都書肆中忽見梅誕生字彙大驚不意誕

生之見實獲我心。於是命諸子人購一部。置之案頭。第其中搜括尚多遺漏。後必有續爲補輯者。後生不可自隳其見也。

三晉古人物藪。獨潯所屬邑。寥寥無聞。惟陵川郝經字伯常。元中統間。以宣慰副使充國信使。使宋。宋留之真州十六年。有雁足傳書之事。元主得詩。進師。伐宋滅之。經工詩文。善書畫。著述種種。傳於世。雁足詩曰。露落風高恣所如。歸期回首是春初。上林天子援弓繳。窮海纍臣有帛書。

先司空年近九十。燈下作小楷。余今七旬餘。亦目穿補綴。

迺齊史云、傅隆年七十、猶手自書籍、躬加隱校、以爲矜

○羨馬援矍鑠之時、年僅六十有二、

容安齋蘇譚卷之五終

容安齋蘇譚卷之六

譚異

陳眉公聞見錄載醒神老人自稱數百歲人語皆不經鬚眉眼睫毛皆白雲間士大夫爭求引年却病之方殊未效余邑舊一人李姓生而異相毫毛雪白時觀察田公未第李嘗傭工執爨久而不知所之後三十年公飭兵慶陽適李在其地爲黃冠年漸老貌益奇亦假以醒神之術人皆尊信聞公至衣冠晋謁稱故舊公陽禮之陰（處分○得法）命有司押解回籍懼惑衆也余晤其人紅顔鶴髮鬚長數尺善琴奕工符水大類有道之士借非生産吾邑恐

桂閣澤州某氏樓高有鬼人不敢登侯大司馬避未遑時請以身試之至夜分果有物將登竊語曰侯尚書在此亟去後亦如

其履歷不將目爲異人乎世安得有異人異人亦何需
於世而肯爲人所物色

可以游盡 評味此語

鬼神事理之所有非邪人不受迷眩非正人亦不能感通

桐陽衛公守青州時一獄官侍女爲魅所憑辮中數數火起獄官懽請於魅魅曰衛司馬坐堂上殊礙出入非出而女於外不可女出而火熄公官濟上一婦人作男語曰某軍士也爲某人毆死久矣屍瘞某處昨神謂某曰衛司馬正人可爲爾伸冤亟往訴之公捕訊果實爲抵罪二事皆稱公司馬在數十年前公後自司寇秉留樞未幾即謝病去因知事皆前定公誠正人云

俗有依書抄命之術。余少年同成冀雲田和陽試晉闈，見一人六旬餘，丰神瀟洒，似有道術，出印本，令余三人自簡抄，各得一冊，内父母妻子某屬相巳往事，皆纖毫不爽。推將來則多浮泛。獎譽之語，咸驚訝稱異，各謝貲五分而別。行數步，忽呼余返，謂余曰：觀公貌高朗，亦信此乎？老夫雅以支干遊海内，晚疲於口舌，效此伎倆欺誑流俗耳。請與公實談五行之理。余側耳聽之，語娓娓，根據于平數及余隱微性情。余媿汗，逡巡謝不敏。後數日再訪之，其人他適矣。

從父省菴公家居時，室内忽地磚墳起，數日漸高，視其下，

産一芝大如斗金色炫爛內外驚異未幾公召赴奉常卿晉尚書加宮保若芝先爲之兆而余獨疑其偶爾

幻術左道原以欺婦人俗子若士人當視之如浮雲變幻付之太空畧不挂桊嘗見一人孔姓肩之室內壁外一呼應聲而至其室封鐍如故赤身獨立兩手擲土初小漸大須臾山積不知土從何來又一人劉姓令人鐵椎擊其腹與腎囊了不痛或數人持兵刺之終日不能中又一人房姓設楮筆几上屏帷障之外焚符陳請即聞內筆硯聲涓啓屏帷雲烟滿紙寂然無人俗皆神之此三人者余皆目覩知其素伎黠無賴特借小術攫人財

物。倘稍爲所戕、即損累不淺、

衣中火光迸擊、爍炸有聲、諸書皆稱異、吉凶不等、余自少至老、解衣見火者數十次、即余室人亦然、習以爲常、每疑身中氣盛使然。乃衣在椸笥、時亦有火出。更不可解。先大人爲諸生、所繫條縌、忽開張奮起、如傘蓋、咸稱瑞徵、然女紅時、綉線多作是狀。不爲異。余一素羅衣、方手持未着、忽如風吹、四奮、肖懸甕形。適在密室、無纖風、且飄曳微聲、有欲火之意。余皆不之異、亦無他休咎。

冢子象庚、字長孺、生萬曆丙辰、卒崇禎庚午、得年僅十有五、孝友藻博、才冠一時、覩其相貌、即知非塵世中物、殁

此洞予亦曾游其岩水從結筋流下未落者初如米泔久見堅凝或乘其未凝

之日。兩耳出清水數斗。鼻垂雙筋尺許。如禪家坐化狀。張中丞稱爲謫仙。張尚書慟哭失聲。立傳鐫石。舍弟學士銘其墓。稱曰文孝。不佞飲痛卜商。懷思顏淵。追悼之情。何能已已。

萬曆丙午。余同友人粟漸菴採邑西臨澗石洞。其洞深數里。橫地蜿蜒。如龍行。頭角鱗甲畢肖。巖水滴如簷霤落下。日久凝結成氷筋形。上下聯接。細大不一。中多蝙蝠。潔白似雪。倒懸於頂。古人云。白蝙蝠食之成仙。此僞語。欺人。罕見耳。窮其奧。玲瓏如太湖石。惜狹隘不可入。但聞水潺潺。風颼颼。如琴瑟聲。亟呼酒命歌者作曼聲謳

以指捺之藉指形猶螽砂筋頭即外殼中空如牛蠢雀卵登古所謂石髓者耶

竅響答洵一異境

寧陵心吾呂公撰閨範圖說原以訓俗實無他腸維時市賣諸書多達宮禁鄭貴妃喜讀之因損貲重梓弁言於首亦慕古淑媛之意一時小人附會喧譁以爲樹援宮禁呂公無以置辯後來起憂危竑議之誣甚至媢嫉東林有參及湧幢小品者要之著書題詩皆釀禍之階古人藏之名山石室良有以也

女人善書唐稱渤海高氏余見交城縣石壁一碑果有聖教遺意題云太原府參軍房璘妻渤海高氏書文爲鄠城尉林諤譔亦軒豁秀澤開元二十九年六月建

邑西靈泉寺有天成元年唐明宗敕數道內一敕云敕澤州盤亭山千峰禪院僧洪密省所上表賀登極事具悉朕昨自藩翰爰届京師順億兆之心纘延洪之業遜避無所媿恧良多師僻處林泉遠馳抃賀備驗傾輸之懇彌增禮敬之心覽閲貢章嘉歎無已夏熱比好否遣書指不多及後書十九日敕四字獨大係明宗親筆餘字行書皆老勁不俗首尾中間三印書記新鑄之印洪密劉村人劉姓

崇禎庚辰秋析城山樹枝頭遍掛縣蔽如人形長三寸綵色衣冠襟袖宛然兩腋下穿黑絨線如傀儡繩繫狀由

人取以贈人懸之室內至春時繭殼開裂中出一蛺蝶飛去竟不知爲何物亦不知何以能作綫圈何以能掛枝頭且石巖之下亦纍纍然

萬曆戊申夏忽外至一尼修眉纖足兩乳墳起色甚麗針紉庖廚咸精敏嘗客於邑西遠村間一入城諸富貴家迎接恐後見男子輒羞沮面赤反面而坐夜必室女孀婦始共榻遇有夫之婦則避畏如讐余聞而疑之一日宿城中一孀婦家其子甫數歲夜見其立而溺偶語其鄰鄰潛窺果有異因與捕後謀伏於道左適尼過出其不意遥呼曰此僞尼也亟捕之尼聞之驚惶奔竄追而

晉川名臣此舉未免為盛德之累

答安齋鮮詩
就執揣其腹下，賜物甚巨，兩乳繫綿胸前，耳時費縣王
公雅量為令，一訊吐實。王不欲彰其穢，獄成，斃之杖下。只消如此
凡與交往者，皆慚恧累月不敢出。古云三婆六姑，閨門
之禁，孰意奸偽至此。若鄰之繫以倉惶掩其不備，亦智
矣哉。

余外父一女孫名舉，字軒翥，生而端麗，髮長委地，肌膚如
雪，善詩歌，工琴奕，博覽書史，以古列女自誓。蚤失怙恃，
婚媾愆期。一日，泌水劉生用康通媒妁，將納采，而康之
伯為大司空晉川公，謂康曰：汝兄用相以失冢婦，中饋
旁落，近聞汝聘栗氏女，為少參鎬山公後，賢而能家，姑

讓汝兄吾别爲汝圖康素嚴事公唯唯不敢忤蓋康少年名傳美如冠玉而相則近强仕稚齒一側貢匪其匹也於歸日康以嫂叔之禮拜於堂一見神魂飛越悔恨成疾舉亦聞知其事情思悵惘然終不敢踰操康竟以舉故不起舉且日爲諸姬媢嫉悒悒而終舉生萬曆己卯卒己亥得年二十有一嘗剪髮自毀題詩云毀形容易毀心難方寸遲迴結萬端分付年年青塚月莫將遺恨照閨闈楚衡湘梅公女號澹然居士以晉川公仕撤雅慕舉名詩翰來往稱晉楚之閨秀云

崇禎戊辰夏城西隅民家見一龍頭面如羊俯其庭甕中

飲水飲訖乘霧上升形漸長大將近屋春偶鄰居一婦登樓眺之時婦新產龍見其婦蜿蜒不能去垂首簷際者數刻忽大雷一聲火光燿熠始入雲際語云龍忌產婦信然○

邑東南四十里一深潭名樓龍當溪澗中流每夏秋溪水暴漲巨石皆衝墮其內或天旱祈禱者亦轉石塡之須臾震響有聲石旋失去迄不存留一石俗謂之海眼不知海在何處壘客揮犀云閩雪峰有應潮泉在山頂而進退與海潮相應果南北皆有通海之竅乎○

崇禎庚辰歲大荒余邑郊關之外以入代糧○先食死人○後

果然余作有五言古志災一篇言之甚悉

食生人。先食親友之子女。後食自巳之子女。逢人而食男女俱作虎。狠婦人之暗謗訐。竊更慘烈難防。是亦千古未有之變。

余邑王太宰疎菴公、在吏部時、爲其少子兆民覓春秋經師、久未得。其夫人夜夢一人曰、公子師麻城梅孝廉也、兄弟進士、官爵可亞主人。翁頃之、梅生至、微鬚而鼻頗巨。竊以告王、王明日謁麻城劉錦衣守有、曰、公邑有梅孝廉乎。劉曰、有之、兄弟皆孝廉。王即托劉介紹、延之西席。王與梅夜飲、夫人竊窺之、依然夢中人。王語以故、梅第遜讓而已。次年梅兄弟同登進士。王以夢語少宰王

翰林今又尚書矣

篆篆亦楚人篆、曰、梅大年已逾時、何以能驟至、入座、恐
夢未驗、後梅以平寧夏之功、不十年、官少司馬、贈尚書、
嗟乎異哉、兆民與余同餼於庠、譚其夢甚確、
余六世祖諱淸、好義樂善、貲甲於里、恒以徭役爲貪令所
苦、仰天歎曰、異日我子孫倘徼幸貴顯、毋效苦人爲也、
一日叩門一道人、朱顏修髯、樝杖蹁躚、陳辭乞米、時祖
外出、祖母王與之米七升、道人携而去、偶牧童自野歸、
路遇道人、將原米付還、仍語曰、報而翁一念之善、七世
貴顯、既而子孫位尚書者一人、選翰林者一人、官郡丞
者一人、任縣令者二人、舉孝廉者四人、薦明經者三人、

古云神凝致熟想公清節所感

諸恩蔭上舍青衿數十人迄今遺澤流衍道人之言若左券

吾邑楊貞肅公先後兩任嘉興共九載其地禾或雙根二節間又生三莖秀三穗或四五穗每畝計之三穗者一二百本二穗者數千本在在皆然府經歷司蓮紅內長禾二本亦如野外各三穗公自為文記之烏程朱平涵少傅語先司空公云然公之子孫俱未之知

崇禎庚辰歲遠近大荒里人段加慶夫婦皆六十餘無子家僮十餘金自度不能免廼以數金治墳墓以數金市飲食同其婦日日歡享之金將盡先鳴於官後請親族

此叟曠達似陶公自祭文，序述情事至坐命掩土，較陶尤爲決烈。

觀後從男此人原自女身，特初間蘊晚下[illegible]

數十人，具酒餚飲隧道，諸親友亦如餞行者，各花樽榼，祖之窀穸。薄暮，叚夫婦大醉，秉燭坐墓中，命親族爲掩墓門，下土覆之，拜辭而去。人亦有勸留者，叚笑曰：遲晚同歸於死，飽而死不愈於餓而死乎？咸服其見之定。

余邑一茂才，身不滿三尺，頭半其身，鬚長過膝，陰莖不及半寸，細如小指，不能近女，而險詭善訟，心力過於恒人。

又一娼家劉姓生一子，蠢陋不慧，兩股之間，皮肉壅腫，糢糊如莖如囊，囊之上一小孔出溺，不自其莖，因令之牧牛，日與諸僮游。已而腹漸大，或譙之曰：將毋抱姬乎？犁啓股視之，儼然一女身也，蓋始與牧童偶戲觸其處

上之孔兩腋間濱爛成瘡如掌大忍痛不敢語已而瘡愈痂落乃成女身後產一男雄壯慧頴能延其姓

天啓丙寅五月初六日王恭廠藥局失火忽大震一聲將大樹數株俱拔起倒立於地鄰近房屋皆顛倒瓦在下木在上又陷一深坑數丈烟雲直上如芝形滚沸震殺有姓名者數千人凡死者皆裸體未死者亦褫其衣帽破碎如飛蛾

崇禎甲戌九月初七日盔甲廠失火震響如昔王恭廠時傷損人畜房屋甚多將爨藥石礮遠拋泡子河城墻下又一石礮自空中落一民家自屋頂打透落土炕上而

聞晉縣祖崧孫向書祖藥合葬時亦有並異見此不可移勳余殿蓊姓右他山

土炕先卧一乳孩不知何因在地安睡無恙又一人懸掛於梁頭脚下垂有皮無骨肉較之生時增長尺許一擔飯之人吳羊見方在縣忽覺耶黑耳中亦微聞響聲移時始醒則身立泡子河橋上不知何以至此且安康無損凡附近廟宇正殿皆如故配殿皆倒壞更可異

余曾祖妣呂淑人葬時啓曾祖司徒石渠公兆見紫藤如帶束其柩十餘匝皆訝爲瑞是年司空公以解元聯第

萬曆間蹇太保達視學山東夜臥恍惚見女子懇冤者數四驚起呼堂吏王選問諸生中有緣事者否對曰止禹城郝琚以殺妻降青今考二等應復廩蹇因詰案不准

其父改鑿其祖棺有孫根纏束武勸令勿動奈其地先已葬人爲地主所迫竟徙亡何僕死于巷家復湯祈青烏經云如見三祥瑞則勿改信哉言也

復後詢其事俱言鄰以疑誤究殺其妻年餘魂常不散一日附人言我已上訴准理即蹇宗師考汝二等我亦哀訴不令復汝也家人不知蹇爲何人且希姓越數載蹇始至時蹇尚爲州守竟符其言

宋康譽之昨夢錄載楊可試兄弟在西京遇老人引入異境大類桃源記景況余意宋世賦役繁重嵩少熊耳間焉有人跡不到處容其優游自適乎余家大行山中高險而幽邃無尺寸之地不被人搜剔欲以與世隔絕無是理也

萬曆壬子小人國入貢泊石城余友李如岡見之云其人

崇禎中予僑寓在澄時久旱無雨一午忽有黑雲翁然東南城外至翁予登城上峯星樓望之須臾霖[illegible]一声

身長二尺紺髮緑睛衣緑衣多摺縫藏方帽有大晨鷄重五十斤高四尺其人御之如滇南人之貢象以小御大見者駭之

順治丙戌六月二十四日午刻迅雷烈電大雨如注邑東南洪上村三人同避大樹下忽大震一聲皆驚死移時方甦失其一人止遺衣履在半里之外其家四遠求索竟不可得

余祖居黄崖里鄉人王璠遇一星士云壽當九十有七初不甚信及登八袠氣體矯健喜謂子姪當如星士言比九十七歲十二月二十七日璠誕辰也尚無恙諸子姪

觴從樓出子震死舁端肢躰皆軟如綿揣揣全無寸骨更不可解

飲議酒酣璠自矜曰余壽未艾星士妄言耳二三日又一歲矣豈遽死乎相顧而笑竟以是夕喜極而醉醉極而死異矣哉

觀此則星命未可謂盡誕也

萬曆癸未科進士何偉蜀人謂先司空曰公登第有兆知乎曰不知曰余鄉重慶一舉人亦白姓夢開榜見二甲之列有公姓名自意白罕姓其我乎余時已知公謂之曰山西解元有此姓名其人亟向書肆中檢之曰事前定矣及揭曉果然晉蜀相去數千里而見兆於同姓亦異事

順治十七年十

宋時一民家猪齒自中現二佛像如拇指大髮有珠如粟

二月初一日如皐縣呈報江南江西總督鄭公將奉憲令採買戰船木植買得年久銀杏一株伐倒鋸開木內空虛生成木形現音神像一座且不敢擅毀縣

紺目跏趺瞳子隱然莊嚴畢具觀者萬人晁無咎爲作讚項王屋山下一人解柹樹木心紋理作一佛像眉目手指纖悉分明雖圖繪不能及方知佛之神化不可思議而腐儒欲以蠡管窺測輕肆詆毀祇爲慧眼博一笑耳。

于大化字思兩邑上佛人善星命兼精堪輿與藐山同儕學宮交最契萬曆丙午春謂藐山曰爾不第吾能使之第。爾之子吾能使之子諸友聞之皆掩口藐山獨敬信之因爲藐山卜葬地遷其祖禰又謂以曰余今歲不利倘徼倖入春當酌酒爲余賀人亦不之信是秋藐山果

鄖燮斷供奉亦畢命也觀已數不可以術逃則張事亦非以術致不過知張星命當然故以遷基迎合之耳是知人不能勝天君子必自知已命而後

舉賢書于廷下第邑邑不樂閉戶累月次年元旦疾日始過沁之相谷謁孫尚書拱暘先生遲回不欲去至立春之前一日忽忻忻曰吾今可以免矣高歌暢飲夜分始就寢明日啓戶殭死一榻被蕭然如酣寐狀咸大驚異未幾坦之舜廉生魏山登第而且抱子矣于之言皆不謬然卒無以自逃其數獨不可卜居遷葬善術求禳乎

三命通會萬祭藩育吾撰萬云已與一武弁同庚甲出處亦稍異同余萬曆甲申仲冬十日生與里人吳某同年（一字不同即相去天淵矣）月日止不同時事事各別天啓壬戌冬痘疫盛行余速

可延師術士必精研入命而後可聽聘

俗云至神喜戲劇試之良然故予嘗有口號云驅蝗不必奮挺祠捍患禦如新

殤二子吳亦連殤二子同在一旬之內可異也見顒與
新鄉賈浮弋都憲命造同己亥卯酉余友楊黃門京尹
云喜遇戊字賈萬曆辛巳生至庚戌年三十登第顒丁
巳生至順治丙戌亦年三十魁鄉書丙戌非科年出特
舉更可異

順治戊子春陽境蝻蠡盡生溝塍之中結爲毬形動以石
計已而翅生皆變爲蝗飛食禾苗邑令磁州李公鴻慤
齋沐禱之夜得吉夢迺命闔邑士民香燈修省至五月
望忽然盡數相抱殭死視其腹豁然中空以口閉不能
食故也

數叢
道光間
変卷中
宜興逆
澄理弁
陳

漱水齋毅云小兒周歲後多有見字卽愛讀若有知若無
夙習之猶存也漸長從言則漸忘之後叔了拾金環自
公識之無信非偶云余無孫兒幼時見筆墨卽貪戀不
忍釋則予以諸所戲弄玩之物皆擲棄不能易也亦與
矣哉
禍福之機分於呼吸明太祖與陳友諒鄱陽鏖戰時太祖
幾爲流矢所中以梅楸撒座而免及友諒得勝方揚揚
面舫之上二美人捧銀盆澡手被郭英一矢而斃從此
與天下判然建明室二百七十餘年之統從其時亦危矣
哉

臨危得免，不問而知其福德人矣。雲石公頻遭大難，皆意外獲解，即疾病一事，亦奇異之甚。崇禎甲戌秋，公患臌脹，疾將易簀，呼余訣。余診謂公曰：有麻黃湯一着，作孤注何如？公首肯，亟進一劑，得微汗，須臾汗下如雨，病減十之六七。從此漸愈，以有今日。夫麻黃湯在冬月傷寒，尚慎重再四，而以之治久病虛損，數月不沾湯，經旬不就枕之水蠱，一劑更生，藥力詎能至此。自是吉人天相，特假余片言指示耳。公後深德余，余實負愧。

名家叢鈔論卷之六終

答安養生譯卷之七

攝生

形者氣之函也、氣虛則形羸、神者精之彰也、精虛則神悴、

太上鍊精其次鍊氣、人之精氣爲利欲所役、爲思慮所

勞、如冰雪之曝日、如草木之遇霜、未有不消削而瘠萎

者。是以衛生者不能延於世。

人愛身不知愛神、養形不知養氣、夫內外相爲表裏、形毀

則氣無所寄、神離則身無所依、何不然其本來推之、

清者爲榮、濁者爲衛、榮行脉中、衛行脉外、晝行於身、夜行

於臟、一百刻五十周、至平旦大會兩手寸關尺、陰陽相

貫流通不絕、故當導引按摩、以調其榮衛、

善服藥、不若善保養。不善保養、不若善服藥。世人不善保

養、又不善服藥、倉卒病生、而歸咎於造物、可乎、

氣清則神爽、氣濁則神昏、氣亂則神勞、氣衰則神去。是以

至人惟在養氣。

一日之忌、暮無飽食、一月之忌、暮無大醉、一歲之忌、暮無

遠行、終身之忌、暮無覆首、古人偏於暮夜留心、有以也、

久視傷血、久卧傷氣、久立傷骨、久行傷筋、久坐傷肉、受傷

只在一久字。

有愛、不用深愛、心有憎、不用深憎、喜至而志不蕩、怒

而精不留身中痛所謂發皆中節者况於養體乎。酸多傷脾，肉皺而脣揭，故春宜省酸增甘以養脾。鹹多傷心，血減而變色，故冬宜省鹹增苦以養心。甘多傷腎，骨痛而齒落，故四季宜省甘增鹹以養腎。苦多傷肺，皮皺而毛落，故夏宜省苦增辛以養肺。辛多傷肝，筋急而爪枯，故秋宜省辛增酸以養肝。知此則識時達變，五臟爲之平矣。

人在氣中，如魚在水中。魚腹中不得水出入則死，人腹中不得氣出入亦死，同一理也。修養家以調氣爲要。調氣之法，掩關發席，枕高五寸，正身偃臥，瞑目握固，兩足兩臂與體相去皆五寸許，然後閉氣，以鼻吸入，漸漸腹滿，乃閉之，久不可忍，始從口中細細吐出，不可一呼而盡。氣定，復如前閉之，始而十息，或二十息，漸至八十息，則純熟矣。至於純熟，則鼻中惟有短息一寸餘，氣閉中表裏，灌溉流通，美暢不可名言。此法以多爲功，日夜間得行一兩度，自覺體輕神爽，百病不生。

閉氣如降龍伏虎，須妙其用，胸膈常宜空虛，不可飽滿。若氣有結滯，不得宣通，便用吐法，如吹噓呵嘻呬呼之類。不然，泉源壅遏，必至逆流，瘡瘍中滿之患作矣。

存想者，以神御氣；按摩者，以手轉關，一自內而外，一自外而內皆有益於養生者。人若小有不快，即須按摩令百節流通，洩其邪氣。一身繫關節處，皆用手按摩。先百會穴，次頭四周，次兩眉外，次目眥，次鼻準，次兩耳孔及耳後，皆按之。次風池，次項左右，皆揉之。次兩肩胛，次臂骨縫，次手腕，次手十指，次脊骨，或按之，或捏震之。次兩膝，次小腿，次足踝，次足十指，次足心，皆捻之。唯腎堂、足心兩處更宜多搓摩，或令人代行之。工夫若不間斷，自見功效。

兩足心湧泉穴，能以一手舉足，一手摩擦之，百二十數，疏風去濕，大健腳力。

百病横夭、多由飲食、飲食之患、過於聲色、聲色可絶之踰年、飲食不可廢之一日、爲益亦多、爲患亦多、百姓日用而不知、安能免病、

凡人飲食、無論四時、常欲溫暖、夏月伏陰在内、暖食尤宜、不欲過飽、飽則筋脉横解、腸澼爲痔、不欲食後便卧及終日穩坐、皆能凝結氣血、食後常以手摩腹數百遍、仰面呵氣數百口、趑趄緩行數百步、余少年聞此、畧不經心、今始覺其關係不淺、

習靜以安神、寡念以定志、保氣以守精、是養德養身之善術、

體欲常勞食欲常少勞無過極少無過虛減思慮謹房室節肥醲懲忿怒恒人日用不可不知

頭者諸陽之會陰脉至頸及胸而還惟陽脉上行至頂是以頭面較四肢獨耐寒冷古人春夜不覆首之詩蓋懼陽氣過亢非水升火降之意少年多不知露面而卧亦不知閉口而寢常深佩此語

日以津液返納灌溉丹田最妙津液在皮為汗在肉為血在口為唾在眼為淚在鼻為涕在脾為涎凡汗精涕淚一出皆不可返惟口中津液獨可還原接續生意為一身之寶語云遠唾不如近唾近唾不如不唾則常常嚥

藏。歸之丹田名曰金漿玉液。久服却病延年。

人夜坐斷不可過子時。亥子陰陽消長之會。不休息則陰不固不能生陽。大損精神。至於老人更所不宜。易曰君子以嚮晦入宴息。醫書云。子時諸血歸心。一不得睡。而血耗疾作矣。

雞鳴後鳥未噪。人未動之先。陽氣清盛。即宜起坐衾中。收此氣以自養。大能益人。且於死時帶得去。古人云。雖五更爲起。可以幻當自家事。蓋謂此。

脾胃喜燥惡濕。常宵不飲湯水。卧久眞氣流行。亦可多壽。

嘗見一老人。行動如少年。叩其服餌之法。對曰。幼讀蘇

公乘喜其□飲湯水之節曰濟者之道不覺溺亦無興
病朔無服餌
天食人以五氣地食人以五味知五味而不知五氣五氣
者臊氣湊肝焦氣湊心香氣湊脾腥氣湊肺腐氣湊腎
也孫思邈曰精以食氣氣養精以榮色形以食味味養
形以生力精順五氣以靈形受五味以成孫衎理最精
所以醫能冠世
風濕二者是養生大忌凡居室臥榻要嚴密高燥避風而
遠濕故曰風爲百病之長濕乃四體之讐
多食有五患一者大小便數二者肥濃閉塞清道三者神

困倦睡四者不堪修葺五者停滯難運化生諸疾故曰飲食之人則人皆賤之善養生者不欲極飢而食食不欲過飽蓋不欲使穀食勝真氣故也

一老人云止日夜調息嚥津以兩手握其外腎常令溫煖

一老人云臨睡時坐於床解衣垂足舌拄上腭目視其頂仍提縮穀道以兩手摩擦腎腧穴百二十次擦畢方臥

二人皆得其益

脾以養氣肺以通氣腎以泄氣心以役氣凡臟有五肝獨不與在時為春在常為仁不養不通不泄不役而氣常生此褚澄之格論也

凡人偶生疾患遠於醫室依服氣法手足布訖調氣嚥之所苦之處閉氣想注以意攻之氣極則吐訖復嚥氣急則止氣調復攻或二十或五十攻覺所苦處汗出通潤方止如未愈日夜頻作在無藥之地與認疾未真之時此法大能救急

夏之一季是人脫精神之時心旺腎衰液化爲水至秋而凝冬始堅不問老少宜食煖物獨宿養陰尤勝服藥冬月天寒陽氣在内已自鬱熱若更加炙衣重裘醉酒擁爐則陽氣太盛來春恐病瘟疫君子與時消息不可不謹

者熱之氣一也靜而得之爲中暑富貴人得於深堂大廈
陰篁喬木之中動而得之爲中熱勞役人得於炎塵烈
日長途涸隴之中中暑是陰症溫藥治之中熱是陽症
凉藥治之
雲間林仁甫只服戊巳九一藥大獲功效戊巳丸止三味
黃連吳茱萸白芍藥治濕熱痰火吞酸瀉痢之症非補
益品料想仁甫肝脾火旺宜於此藥如吾鄉張大參田
南公壽幾九十得力只以搜風順氣丸可見人稟血氣
有偏不必一槩滋補服藥者亦矯其血氣之偏而已補
瀉何拘拘焉

每酒一斗以蘇合香丸一兩同煎極能和血氣辟外邪遇
冒寒夙興則飲一盃昔宋眞宗賜王文正令空腹飲之
王覺暢美眞宗因語以其方
世之攝生者飡苓服石固爲妄投熊經鳥伸亦非妙理大
要養性淸心此其本也邵康節曰得天理者不獨潤身
亦能潤心不獨潤心至於性命亦潤許魯齋曰萬般補
養皆虛僞只有操心是要規旹哉
蔡季通有睡訣云睡側而屈覺正而伸早晚以時先睡心
後睡眼晦菴以爲古今未發之妙殊不知本出於千金
方云半醉酒獨自宿軟枕頭煖盖足能息心自瞑目

道藏蝶交則粉退蜂交則黃退司空圖詩云昨日流鶯今日蟬起來又是夕陽天六龍飛轡長相窘更忍乘危自着鞭縱慾者當熟思

飲酒後不可飲冷水冷茶被酒引入腎中停爲冷毒日久必然腰膝沉重膀胱冷痛水腫消渴攣躄之疾作矣酒後不得風中坐卧袒肉操扇此當毛孔盡開風邪易入感之令人四肢不遂

食欲少而數不欲頓而多常欲令飽中飢飢中飽爲善爾食熱物後不宜再食冷物食冷物後不宜再食熱物冷熱相激必患牙齒疼痛

人之飲食、由胃管入於胃中、其滋味滲入五臟、其質入於小腸、乃化之、則入於大腸、始分別清濁、渣滓濁者結於廣腸、津液清者入於膀胱、乃津液之府也、至膀胱又分清濁、濁者入於溺中、其清者入於膽、（此論人所未聞）膽引入於脾、脾散於五臟、爲涎、爲唾、爲涕、爲淚、爲汗、其滋味滲入五臟、乃成五汗、五汗同歸於脾、脾和乃化血、行於五臟五腑、而統之於肝、脾不和、乃化爲痰、血生氣、（下文既曰氣化血、不應反曰血生氣、此生字疑誤、不然則血字誤。）於五臟五腑、而統之於肺、氣化血、血化精、統之於腎、精生神、統之於心、精藏二、腎之間謂之命門、神藏心中、發爲人之元氣、氣從肺管中出鼻、爲呼吸也。

攝養之道、莫若守中、藥物火候、皆托名也、一中而已矣、陳虛白作規中指南、謂規中即玄牝、即中也、在心之下、腎之上。仙家結胎、正在此處、故曰、多言數窮、不如守中、

昔人以理髮、搔背、剔耳、刺鼻、爲四暢、此小安樂法、余所服二丹、一曰咽津納息。爲小還丹。澄心寂照、爲夜氣丹。旣無火候、又無抽添。久之著效。

凡食訖、以溫水漱口。則無齒疾。食後、以紙撚刺鼻嚔噴。則氣通而目自明、痰自化、卧不可覆首、令人神昏病火

富貴之人飲酒。必多置酢醬海味。酒能灼人眞陰。鹹能喪人眞液。故每每病致消渴。然酒以釀而釅、以水而淡、久

燥而堅以濕而化故食北梨甘蔗可以解酒亦可以解鹹冬月宜煮而啖之

晨起取井水新汲者傳淨器中熟數沸徐徐嗽以意下之謂之眞一飲子蓋天一生水人夜氣生於子平旦穀氣未受胃藏沖虛服之能蠲宿滯淡滲以滋化源

美食須熟嚼生食不粗吞食物以象牙金銀為匙或魚魫為器皆可試毒

魏公一日至諸子讀書室見臥榻枕邊有一劍公問何用對曰夜間以備緩急公笑曰使汝果能手刃賊賊死於此汝何以處萬一落入賊手汝不得為完人矣古人青

竊之說，汝不能乎。吾嘗見前輩云，夜行切不可以外物自隨。吾輩安能害人，徒起惡心，非所以自重也。

齒數，咽津爲上，咽氣爲次。咽津者，腎中之水上通舌底二竅，大有真味，如小兒吮乳，纍纍不止，故能應關交際而終日忘飢。若咽氣，則閉口任息，身心俱寂，然後可試，正不可以歲月效也。

趙長玄曰：白樂天、蘇東坡善談名理，而不斷酒色，余竟不知其何說也。

山靜似太古，日長如小年。玩味此句，最妙。然識其妙者蓋少。彼牽黃臂蒼，馳獵於聲利之場者，但見滾滾馬頭塵忽忽駒隙影耳。人能真知此妙，則東坡所謂無事此靜坐，一日是兩日，若活七十年，便是百四十，所得不已多乎。易曰：觀頤，觀其自養也。康節詩云：老年軀體素溫存，安樂窩中別有春，盡道山翁拙於用，也能康濟自家身。

蘇子由詩云：老去自添腰腳病，仙翁服栗舊傳方。客來為說晨興晚，三咽徐收白玉漿。栗性補腎，凡腰腳無力，以袋盛生栗懸乾，每旦食十枚，次食豬腎粥助之。若風乾之栗，勝於日曝；火煨油炒，勝於蒸煮。細嚼連液吞嚥。若頓食至飽，則反滯氣而傷脾矣。

老人腎水虛竭，火不下降，故足膝痿弱；心火乘肺，不入脾

氣故夜多小溲若峻服溫補之藥則泌益上行脬氣愈寒矣

天真論曰女子之數七丈夫之數八女子過七七四十九數則任脈虛衝脈衰天癸竭地道不通以漸枯槁華色失榮丈夫過八八六十四數則五臟皆衰筋骨解蕩血脈短促精氣耗散天道閉塞日就憔悴肌肉無華故上壽之人年過常數皆由衣食充足藥餌服護子賢孫承歡樂養調其朝夕適其寒溫上順天心下契人理天人交養壽命無疆

養壽之道用仙佛二教最是捷徑故清淨明了四字最妙

内覺身心空，外覺萬物空，破諸妄想，無可執著，是曰清淨明了。

老人須知服食將息調氣，按摩導引却病，不得殺生取肉以自養，又當非書勿讀，非聲勿聽，非務勿行，非食勿食。常學淡食，輕清甜軟爲佳，雖云老者非肉不飽，肥忌生風，非人不煖，美忌生淫，必須不寒不熱，不飢不飽，行住坐卧，言談笑語，寢食造次之間，不失調節，庶可延年。

老人之道，常念善，無念惡，常念生，無念殺，常念信，無念欺，無作博戲，強用氣力，無舉重，無疾行，無喜怒，無極視聽，無大思慮，無吁嗟，無叫呼，無歌嘯，無憂愁，無哀慽，無

慶吊無接對賓客無預筵席常常淡食如此者可以無病

一禮年七十懸車懸車者以年薄虞淵體氣就損並可復勞形軀於風塵役方寸於外物故衰年宜以為警

老人脾約腸燥頻服豬羊血麻仁汁莧葵菜血臟羹等能疏利

嘗見世人治高年之人疾患竟同少年亂服湯藥妄投針灸以攻其病務欲速愈殊不知上壽老人血氣已衰精

一神已散至於耳目視聽聰明不及手足舉動肢體不隨心志沉昏頭目眩暈或秘或泄或冷或熱不慎治之過

◎

投峻藥、或汗或吐或利、老弱之人、不能禁架、汗則陽氣泄、吐則胃氣逆、瀉則元氣脫、立致不虞、悔之何及、

康仲俊年八十六、極康寧、自言少時讀千字文、有所悟、謂心動神疲四字也、平生遇事、未嘗動心、故老而不衰、

宋神宗見文潞公晚年矯健、問曰、卿攝生亦有道乎、潞公對曰、無他、臣但能任意自適、不以外物傷和氣、不敢做過當事、酌中恰好即止、上以爲名言、

劉仲壽善養生術、年七十餘、精神不衰、其術不過煖外腎而已、以兩手掬而煖之、默坐調息、至千息、兩腎融液如泥淪入腰間、久之著效、

魏國公徐鵬舉老而御女不衰人傳其術以好紅棗數十枚令姬妾口含而養過夜則煮食之

年老頤養不可求奇先嘗以前賢破幻之詩洗滌胸次名利不苟求喜怒不妄發聲色不因循滋味不耽嗜神慮不昏邪貧富順逆只據現前麗居士詩云北宅南庄不足誇好兒好女眼前花一朝身没歸黃土任屬張三李四家

諺言壽徵云眉毫不如耳毫耳毫不如項下縧又云不如老饕老饕言晚年甘食也余以爲甘食乃脾胃之強健食而不多食方爲壽徵

余目不能遠視，而於曛暮昧爽，且能洞見纖悉，即今年逾古稀，燈下猶向紅紙作小楷，蓋神藏而光聚，未竭其力故也。語曰：聰明不可使盡。推之他事，其理亦同。

五色惟墨色可以養目。吾邑雨蒼張中丞書室屏帷窗戶，皆用玄色紗作地，各畫花鳥一二，覺韻致幽雅。偶見珍珠船載李氏皂羅之說，始知張有所本。

牙齒。齒，腎骨之餘也。上曰牙，下曰齒，兩傍曰牙，中曰齒。女子七月齒生，七歲齒齔，三七真牙生，七七齒槁。男子八月齒生，八歲齒齠，三八真牙生，八八齒槁。世人縱慾傷腎，未五十而齒槁，比比皆然。

客座贅語卷之七終

容安齋蘇譚卷之四

譚醫

疾病不外五運六氣。諸風掉眩皆屬肝木。諸痛痒瘡皆屬心火。諸濕腫滿皆屬脾土。諸氣膹鬱皆屬肺金。諸寒收引皆屬腎水。此病屬於五運者也。諸暴強直皆屬於風。諸嘔吐酸皆屬於熱。諸躁擾狂越皆屬於火。諸痓强直皆屬於濕。諸澁枯涸皆屬於燥。諸水液澄澈清冷皆屬於寒。此病屬於六氣者也。

其在表者汗而發之。其入裏者下而奪之。其在高者因而越之。謂可吐也。慓悍者按而收之。謂按摩也。藏寒虛奪

者治以灸焫，脉病攣痺者，治以針刺，血實畜結腫熱者，
治以砭石，氣滯痿厥寒熱者，治以導引，經絡不通，病生
於不仁者，治以醪醴，血氣凝泣，病生於筋脉者，治以熨
藥。始焉求其受病之本，終焉蠲其爲病之邪，醫家大法
備是矣。
宜夜卧早起於發陳之春，早起夜卧於蕃秀之夏，以之緩
形無怒而遂其志，以之食凉食寒而養其陽，聖人春夏
治未病者如此。與鷄俱興於容平之秋，必待日光於閉
藏之冬，以之斂神匿志而私其意，以之食溫食熱而養
其陰，聖人秋冬治未病者如此。

製藥大略。酒製升提。薑製發散。入鹽走腎而軟堅。用醋注肝而止痛。童便製、去劣性而降下。米泔製、去燥性而和中。乳製潤枯生血。蜜製甘緩益元。陳壁土製、竊真氣驟補中焦。麥麩皮製、抑酷性勿傷上膈。烏豆湯、甘草湯漬曝。並解毒致令平和。羊酥油、猪脂油塗燒、咸滲骨容易脆斷。去穰者、免脹。抽心者、除煩。今之醫人日用而不知。鮮不失矣。

服藥活法。病在胸膈以上者、先食後藥。病在心腹以下者、先藥後食。病在四肢血脈者、宜空腹而在旦。病在骨髓者、宜飽滿而在夜。在上者不厭頻而少。在下者不厭頻而多。少則滋榮於上。多則峻補於下。

李東垣曰、湯者蕩也、去大病用之、散者散也、去急病用之、丸者緩也、舒緩而治之也。凡治至高之病加酒煎。去濕以生薑。補元氣以大棗。發散風寒以葱白。去膈痰以蜜。細末者不循經絡、止去胃中及臟腑之積。氣味厚者白湯調。氣味薄者煎之和渣服。去下部之疾、其丸極大而圓。治中焦者次之。治上焦者極小。稠麵糊取其遲化、直至中下。稀糊取其易化、水浸宿炊餅、又易化、滴水丸、又易化。煉蜜丸取其遲化、而氣循經絡也。蠟丸取其難化、而旋旋取效、或毒藥不傷脾胃也。

橘皮半夏麻黃吳茱萸枳實狼毒皆以陳久爲良俗謂之六陳然大黃木賊荊芥芫花槐花等物亦貴陳久豈止六也凡藥品須要新陳如法非精製不効昆蟲草木産之有地根葉花實采之有時不可不審唐耿煒云老醫迷舊病朽藥誤良方是矣

氣血偏勝而成疾藥者偏勝之氣以此之偏濟彼之偏而使之平此用藥之功也藥優於伐病而不優於養生食優於養生而不優於伐病

凡婦人易以憂思氣惱傷損肝脾多於頸前耳後感生瘰癧當先用隔蒜灸法更視其壯弱調治壯則先以必効

散下之。然後多服益氣養榮湯補之。弱則先服益氣養榮湯補之。然後以必效散下之。隨壯弱而變換。萬無一失。

俗云。香附、縮砂。女中至寶。蓋婦人之性屬陰。多患氣結。香附能行氣。故效。至於縮砂酒煎服之。大能安胎止痛。其次益母草治胎前產後亦效。

四物湯用熟地黃、當歸、芍藥、川芎四味。固補血之要藥。然地黃、當歸戀膈引痰。損胃氣。芍藥酸寒。血虛寒人禁用。古人云。減芍藥以避中寒。誠不可忽。川芎能散眞氣。久服令人暴亡。亦須知之。

四君子湯用人參白朮茯苓甘草四味補氣之要藥然人參動肺火吐血欬嗽者不宜白朮補中燥濕動氣者不宜茯苓淡滲行水目病者不宜甘草緩中中滿者不宜

二陳湯用半夏陳皮茯苓甘草四味固治痰之要藥然半夏能燥陰血燥津液渴者禁用陳皮留白補胃和中去白消痰利氣有白朮則補脾胃無白朮則瀉脾胃有甘草則補肺無甘草則瀉肺

痰症以二陳爲主理脾爲要余每治痰單理脾胃往往獲效可見脾胃痰之總司脾氣盛則痰不生矣

凡火勝者不可驟用寒涼藥惟小便最妙用自己小便去

頭尾温服。仙家謂之還元丹。

三補丸。用黄芩、黄栢、黄連三味。固降火之要藥。然黄連大忌猪肉。黄栢峻下。黄芩大寒。皆能損胃氣。用之宜斟酌。

析城王屋之交。亦産人參。惜土人不能識。間一得之。長徑尺。力數倍。俗云人參不敢輕用。不知只因價値不貲。病者吝財。薄醫醫人計利。惜費飾爲此說。欺誑淺見。若曰氣無補法。又曰陰虛切忌。則人參無可用之時矣。貴之何爲。

凡中風、中暑、中氣、中毒、中惡、乾霍亂、一切速暴之症。生姜自然汁加童便調服。立可解散。

傷寒症初覺頭痛身熱脉洪一二日內便以淡豆豉一升葱白十數根水三升煑一升頓服取汗更作加葛根葢豆豉得葱白則汗得鹽則吐得酒則治風得薤則治痢得蒜則止血炒熟則又能止汗亦治嘔逆食品之最有益者。

治寒氣腹痛緊陰危篤者急飲熱酒外用葱熨法葱白碗粗一束麻繩纒住切去頭尾留中一寸厚放在臍中上蓋片布以熨斗貯火熨之令熱氣入腹葱壞再換以汗出痛止爲度。

大暑人在道途城市間忽中熱昏仆不省急取大蒜一握

同道上熱土雜研爛、以新汲水和之、濾去滓、判其齒灌之。或用布蘸熱湯熨臍、并氣海。或掘路中熱土、作窩於臍中、令人尿之。卽甦。

炒鹽淬入水中、乘熱服之、隨卽吐痰。治攪腸沙、心痛、立效。

凡肺虛久嗽、生寒熱、只以款冬花一味、研細、炤依今人吸煙草之法、口吸嚥下。日數次、極效。

血症、以寒藥治之、百不一生。以童便治之、百不一死。

黃芩一味、水煎服、治咳嗽吐血、遍身發熱、大效。余閤人病偶覽本草綱目、見李瀕湖少時、亦患此症、服補陰清肺之劑不效、自分不起、偶以黃芩一兩、单方治之而痊。因

少試之輒奏效始知藥在效不必異品也
滋陰降火神方用破故紙山梔子二味微炒過每清晨吞下少許或煎服少許有升降水火之功不可輕視
大抵人之虛多是陰虛火動脾胃衰弱真陰者水也脾胃者土也土雖喜燥然太燥則草木枯槁水雖喜潤然太潤則草木濕爛是以補脾胃補腎之劑務燥潤得宜隨病加減
氣血冲和萬病不生一有拂鬱諸病生焉故人身諸病多生於鬱越鞠丸解諸鬱如婦人并多憂慮者必加貝母盖貝母開胸中鬱結之氣詩所謂言採其蝱是也

古云、羊肉與人參同功、蓋人參補氣、羊肉補形、凡味同羊肉者、皆補血虛、以陰生於陽故也、仲景治寒疝、及產後心腹疝痛、以羊肉加歸薑煮食、名羊肉湯、深得此意、

冀城李令嵩傳一方、以補腎壯陽之料、煮燒酒數十斤、後以糯米細麴照常做酒、只將此藥酒投入釀成黃酒、如世俗秋露白釀法、令人多子延年、詳其藥品、即濟世全書中甕頭春也、特釀法稍異、

凡人肌體發熱、如燎捫之烙手、此病多因血虛得之、或胃虛發渴、過食冷物、抑遏陽氣於脾土之中、經云火鬱則發之、莫妙於升陽散火湯、又名火鬱湯、余見婦偶得此

病用一切涼藥補藥俱不效後服此而愈其方諸醫書俱載
小兒癖疾以皮硝煮牛肉切細食之
治病之法先去病根然後可用收澁如澣衣然先去垢膩
然後可加粉飾所以粟殼龍骨之藥不可輕用
凡酒食停積脹滿不消用鹽花擦牙齒溫水漱下不過三
次如湯潑雪即時通暢
汗吐下後渴者皆胃液不足宜以人參補之盖氣能蒸濕
故耳
飲酒之人多病口渴宜冬月採生葛於水中揉出粉澄成
片擘塊下沸湯中以蜜生拌食之即所謂葛粉是也不

可誤用野葛有毒。

腎氣自腹中起上築於咽喉逆氣連屬而不能出或至數十聲上下不得喘息此由寒傷胃脘腎虛氣逆上乘於胃與氣相併難經謂之噦俗謂之欬逆宜服吳茱萸陳炒橘皮附子各等分爲末糊丸淡姜湯下兼灸期門關元腎前諸穴。

韭多補子甚温俗呼草鍾乳眞誥云務光服韭煎以入清冷之淵。

昔有人单服天門冬膏生三十二子以其清中有滋補化元之效。

甘菊花日精也其葉可羹其花可釀其囊可枕其實可仙蒲公英又名黃花地丁性能通腎水壯筋骨固齒牙黑髮鬚古還少丹用蒲公英一斤連根帶葉水洗淨避天日陰乾入鹽末一兩香附子末五錢醃一宿分作二十團紙裹定以蚯蚓糞和泥如法固濟焙乾以武火煆通紅爲度冷定取出去泥爲末早晚擦牙漱之吐嚥任便其效不可盡述。

益眼者無如磁石以爲盆枕可老而不昏。

余弱冠病鼻赤始疑在肺後乃知陽明經胃火上炎數年不愈偶得一方只食鹽一味研細每晨起撮少許擦齒

噙水蕩漱，旋吐掌中，搠以洗面，行之月餘，而鼻色復舊。且有益於齒。

治鼻衄方甚多，難效。余得一法，只寘心安卧，任其流溢。多時則血凝鼻孔，阻塞道路，切勿移動，血將漸漸乾定而停止矣。俟數日方取其乾血，勿亟取爲妙。

人病口氣，不便接談，唯香薷一味治之最捷。

口瘡無問新舊，遇夜卧，將自己兩睾丸以手握緊，左右交手揉三五十遍，每夜睡覺輒行之，愈於服藥。

患喉癰腫痛者，以鍼繫筆心中，從旁鍼之，出血即愈，醫家謂之筆鍼。

◎

牙疼之患人人苦之老人更甚治法有搽藥塗藥漱藥薰藥無一奏效此症屬手足陽明經積有濕熱雖風蟲不等未有不自濕熱而起余以調胃承氣湯往往取效因紀之用甘草黄連升麻各二錢先煎數沸後入酒蒸大黄四錢同煎温服

脇痛胃脘痛在婦人多有之當行氣開鬱佐以破血散火之藥嘗用香附蒼术川芎青皮木香吳茱萸炒黄連作丸治之往往收效

人足多患鷄眼瘡女子老人更甚治法以黄丹枯白礬朴硝三味等分爲末搽之搽後以熱水洗之搽洗數次即

愈若指甲瘡則摻以乳香末或血竭末或燒核桃皮灰
皆有效
凡人肢體患腫塊或痛或不痛或風襲經絡或跌撲傷腫
俱用葱頭切細杵爛炒敷患處冷再易熱遞炒遞熨即
腫散痛止其效甚速又方用木香五錢爲末生地一兩
杵膏二味和勻視患大小作餅置患處熨斗熨之
凡腋下陰下濕臭以好醋浸土青木香夾於患處仍爲末
敷之土青木香即馬兜鈴根
萊中之佳者萊菔俗名蘿蔔理氣消痰寬胸膈利大小便
制麪毒烟毒豆腐毒止吞酸欬血衄血痢血生則能升

熟則能降。功用甚大。第不可與地黄同食。澁人營衛。如食之太過。以生蠱脹之。世人日用而不知。因指出大便閉結。用蜜調芒硝服之。最效。過於他藥數倍。麻子仁研濾取汁。入粳米煮稀粥。治老人脾約風秘。產婦汗多便難。凡血氣虛澁之症。不可用硝黄者。以此通之。白礬生晉地。治療甚多。如遇瘧疸疔毒。一切瘡腫。用白礬細末入新汲水內。浸泡綿紙數十張。即將一張搭患處。頻頻換之。貼十數次。隨消。

崔滄州二室傳一生產方。凡単月乾巽向。產婦宜面向東南隅或西北隅。凡雙月坤艮向。產婦宜面向西南隅或

東北隅俱吉利易產

凡產後不問有病無病卽用童便好酒煑熱服之百病不作

瓜蔞一箇加乳香沒藥甘草當歸黃酒煎此吹乳腫痛最效藥也近見宋蔣津葦航紀談云治背疽更效余用之治瘰癧及一切瘡毒無不效眞外科活血解毒之良品

產後風噤瘈瘲角弓反張或血暈不省四肢强直吐瀉等症用荆芥穗微焙爲末每服二錢豆淋酒下童便亦可

此病因血虛氣惱汗出傷風惟此藥治之

蟾酥卽癩蝦蟇治小兒疳積黃瘦顋穿牙蝕之症或炙熱

食之連服六七枚或黃泥固濟火煅存性爲末入藥服之又有活用蝦蟇放背瘡上以拔其毒者亦效

陳幾亭云治小兒疳疾惟五穀蟲洗焙丸服最效本草不著五穀蟲疑即糞蛆之別名也潔之以水焦之以火消臟腑之所不能消至穢之中有至妙之用

小兒急慢驚風痰涎壅盛塞於咽喉其響如潮名曰潮涎但用金星礞石火煅過研細末入生薄荷汁內少加蜂蜜調和溫水服之良久其藥自裹痰從大便出屢試得效如慢驚症少加青州白丸數粒更妙

小兒不拘風寒飲食痘疹一切發熱並宜以葱涎入香油

內手指蘸油摩擦小兒五心頭面項背諸處最能解毒
凉肌。
瘡疹黑陷者用沉香乳香檀香不拘多少於火盆上焚之
抱兒於煙上薰即起。
余少時見許醫松泉治小兒咽喉腫閉用艾葉薄荷朴硝
三味各另煎湯以茶匙輪流相遞灌之須臾即消。
忍冬藤俗名金銀花瘡科要藥余嘗植於齋右過熱毒血
痢採其枝葉濃煎飲之即便毒喉痺亦皆得效其花最
香烈而插枝即生農圃家不可不知。
黑豆甘草煑汁可解飲饌之毒恣食無虞即中砒毒亦效。

治極毒之疽。不拘何地。但覺癢甚。及身熱惡寒。或麻木。便知毒盛。急用針刺破瘡處。擠去惡血數次。候血出盡。口噙凉水吮之。水温換水再吮。必候瘡瘍皆止。而毒解矣。

芒硝大黃調敷腫毒。大能消散。兼止痛。

余數見瘍醫治瘰癧流注積年不愈之瘡。皆以毒藥塗絍。自然所患四圍裂縫。腐核落出。隨即生肌收斂。珍秘其方。不以示人。料不過砒硇礬巴之物。遇血氣壯實者應手而愈。或亦冰螄散烏金膏三品錠之類乎。

癭瘤有數種。最不可輕決破。以致傷人。余見人治一切肉瘤如瓜有細蒂。以竹篦劈破。將瘤蒂夾住兩頭。用絲繩繫緊每日鬆了再繫。出。火。蒂。薄。氣。血。不。行。瘤。色。漸。乾。不令其知。以利刀於篦上割下。預先燒一鉄匕待用。竢割下瘤時。急將蒂根匕烙。仍多取篦子。必結痂後方去之。隨愈。

芫花根洗淨。不犯鐵器。取汁。浸生絲線。極透。將此線繫瘤。繫痔自落。不過兩次。後以龍骨訶子末敷瘡口。即愈。今醫家所謂銀針藥線。治漏如神者。只芫花根汁所浸絲線耳。

一切疔瘡惡腫。初起。但未成膿者。以白礬末三錢。葱白七根同搗極爛。分作七塊。每塊以熱黃酒一鍾嚼下。連服

七堤畢再喫葱白煎湯一鍾被蓋出汗如淋從答去被其病若脫

臁瘡用夾紙膏有效有不效不若只以雄鷄肫胵皮淨洗貼之日一換數次而愈

少年輩遊於狹邪易爲梅瘡之染畏人知覺亟以粉霜砂汞等劑求滅其跡反遺毒於身不可解救是欲掩而彌彰也今當以防風通聖散治其始以土茯苓湯治其終以敗毒散治其暫以地黃丸治其久縱不能驟愈亦斷無誤藥之悔

醫理之妙誠非膚淺可測余見婦患産後瘀血不行腹脹

氣滿，心腹疼痛，種種惡症，用黑神散、失笑散、紫金丸、調血飲等藥，十數次皆不效，偶覽婦人良方云，宜用抵聖湯。二劑而血大行，諸症脫然。抵聖湯，半夏、陳皮、芍藥、甘草、人參、澤蘭，六味耳，平淡淺近。其逐瘀血也，過於五靈脂、紅花等遠矣。

蠱毒在上，則服升麻吐之。在下，則服鬱金下之。或合服二味，不吐則下。遠行者不可不知。

蠐螬蟲，生糞壤及爛草中，其狀如蚕而大，身短節促，足長有毛。凡遇破傷風症，取蠐螬，將其脊背捏住，待其口中吐水，就取抹瘡上，便覺身麻汗出而愈。用畢仍將其蟲

活歸原處

先大人在河東見一錦衣家夜中爆炭毒一室之内斃者十餘人急灌以白蘿蔔汁良久起始信蘿蔔真能療烟毒凡避難藏地窖中者當預蓄之

人參膏補氣白术膏健脾地黄膏生血三膏各另修製遇病後及瘡後一切虛損怯弱每日清晨臨卧時各進一匙審其脾胃氣血何者偏虛以酌三膏之多寡每膏一匙加者增一匙自然精神强健生肌長肉爲瘡科膿後之要藥

醫書云凡人手足麻軟三年内當得中風之疾可服搜風

天麻二丸以豫防之不知豫防者在養血氣節飲食。戒七情。遠房帷。不此之防而專恃二藥未有不因之喪生者也。

霍亂症服藥即吐無法可施者用百沸湯合井華水同服即愈。

千金方云薔薇口瘡之神藥冬用根夏用葉煎爲濃汁頻含頻咽

婦人斷產方白麵一升黃酒一斤煮沸去渣分三服經水至時前日夜次日早及天明服之永不受孕且不損人

容安齋蘇譚卷之八終

容安齋穌譚卷之九

譚物

内經謂人身臟腑有十二官主安則十二官安以此養生則壽主搖則十二官搖以此養生則殃似十二官之外。別有一主非心也。註内經者因心者君主之官仰即以心爲主則止有一官矣。趙氏醫貫詳辯之余謂心如天然尚有形像必有一物主乎天者曰太極曰不二無物可指無形可見人身之主斷非血肉之物細心理會方得。

雲間李生中梓謂凡掌後寸關尺前診所當以心配膻中。

脾配胸中。肝配鬲。脾配胃。左腎配小腸。右腎配大腸。此
論未免駭俗。然較之高陽生脉訣、似於人身上中下之
位頗有合。想高陽生詢於心與小腸爲表裏、肺與大腸
爲表裏之說。不知彼言經絡。若診視則又當別論。近日
虞天民、趙養葵謂命門在兩腎之中。亦似有理。
丹溪云、氣有餘即是火。世人誤認有餘二字、辯云氣安得
有餘。不知壅滯厥逆便是有餘。蓋人身在臟腑升降則
爲氣。衝逆上攻則爲火。在筋肉流行不滯則爲氣。壅聚
一處則爲火。氣失其正則謂之有餘。
昔疑金生水之說。偶閲蠡海錄、乃知金爲氣母。在天爲星。

在地爲石故以星動所爲風雨之應石揮濺爲雨來之
占是金之生水以氣化故也
濟水即沇水人言性趨下伏流地中歷城發地皆流
水云濟水經過其下今皆至濟水源上見方廣數十畝
珠翻露滚上湧如鼎沸水中一古有喬枝葉孤特卓立
其顛寒暑不凋得則歲歲無皆不移數百年物今濟水上
潮而已云性趨下清而重阿膠之下以清水沉降故恐
來參
析城山居人深潭取水往往汲出泥毬大如斗堅如石用
力破之中藏一鳥黄鸝也不知何以能贅毬中何以水

近歸出沁不僕南利作水中壩崇者比入田稀緣下不前行以沁濟因多難涉非純土耳底又謂即上地皆媿蓋水亦數日即泂不似[illegible]

不能浸入

陸文裕公謂山西澗水大似閩越而悍激叫號特以水源至高故也意欲就緣水之地聚諸亂石做閩越作堰地高低以爲疏濬則晉水皆利澤也惜晉人簡惰不□如南人力田而且乏之機智是以有水而失其利尒聞□有取於熊三拔之水法

火有天火人火之異大火烈焰飛走不擇木石瞬息灰燼人火則否邑社廒囷城之變攫敵人倚藏以草束入硝硫焚燒近城房屋或起或滅雖大費草束而遲緩不能延遠姑卽與常見之火災迥不侔也若龍火得水而燃

金謂之形此故不深北土形立故易學耳觀南方日常貯水大中人之能立行耕耘北地水淺數日人牛一又卽除波不能出將可見鑿則南北田地異宜

一又是一種

倍云冬無雪麥不結今年春雨最稱沾洽而二麥收不及

中正以去冬乏雪麥根不得深遠苗雖暢茂結實亦無

厚力是以學者貴深其根

唐貞觀初於邑北大珠散如水精云得於羅刹國以爲異

寶今余但見人將水精硏製爲圓形映日光中便可取

火往往作扇墜帶之不爲異也

不論南北凡有水處皆可導引種田但北人囿循守舊俗

煩難耳如吾邑之劉村黃崖丁店義城若肯引水種稻

其利十倍况於長沁之濱乎

[illegible]

諺云夏至有風三伏熱重陽無雨一冬乾驗之泰然後見
一書云夏至酉逢三伏熱重陽戊遇一冬乾始知風雨
二字之訛

歲旱以虎頭或虎皮虎骨垂之有龍湫中能致雨仍須長
繩繫之兩足即出

怡園去瀑僅不百武夜則水瀑瀑震耳晨起漸不聞聲余
一日舉似毅山毅山曰白晝衆籟囂然水聲爲所遏耳
余曰不然水陰也夜則陰氣旺激石有力是以聲聞晝
則陰氣衰激石無力是以聲小因指庭前百合曰此花
夜則香盛於晝豈以是故乎毅山驚曰所謂習矣而不

大旱異
不知
水盆志

察者也

盤亭西巖下一石池周圍方丈水深三尺澄澈見底巖水潺潺下注池中水與池平不流溢亦不滲漏多人挹取與秋水大至皆不能增減俗名鐵盆嶂宜易以美稱

井水新汲即用利人療病平旦第一汲者爲井華水又與後汲不同

古法鑿井者先貯盆水數十置所鑿之地夜視盆中有大星迥異衆星者其下必得甘泉可見天星應水正符五行金生水之說

嘗見一人造火鏡對日則鏡光一點遇物即燃其鏡中心

低四圍高照人面皆作倒影。其人亦止照式鑄造、不知其理、此鏡予亦曾見照人上下作二影下正上倒其倒者即正者所轉映耳別無他理

凡開荒田時、種芝麻一年、後種五穀、蓋芝麻能敗草木之根故也。

後湖志、載天下人口數、參之史冊、夏商時、不及二千萬、兩漢之盛、至五千餘萬、唐天寶時亦然、宋止四千餘萬、明萬曆間至六千六十九萬有奇、然冊籍尚有隱漏、生齒一何浩煩也。盛極必衰、所以光武時止二千餘萬、晉平吳時止一千餘萬、宋治平時止二千餘萬、明崇禎庚辰辛巳之際、與荒大兵、遺孑寥寥、不忍言矣、

寸關尺不過一道血脈耳何以三指下便大分六經
之症候夫一指内分兩經已屬可疑而過一指即判然
道别不知另有一血脈乎相傳已久無人敢爲立異然
余心終不與之信從也
嶺南張萱著一書曰疑耀亦辨博可備稗官一種第不知
託名李卓吾何謂不過假以希傳播耳開卷一覽其叙
便覺書亦爲之側色
陸文裕公云唐太宗以天下與其子而蘭亭則從葬昭陵
不以與子其靳惜如此不知天下非不靳惜只緣從葬
不得耳然蘭亭久失初本工拓何憑不過好事者强作

杉字南人讀作杉音不作沙音詩杉恐是二杉故堅柔不同

聚訟豈真有一賞鑒之人今世俗重諸家字如拱璧果得之心服乎抑得之口耳乎

柟木生楚蜀深山窮谷中不知歲年百丈之幹半埋沙土截以爲棺謂之沙板佳者中有文理堅如鐵石富貴家皆用之吾鄉不知訛爲杉板頂有用之者質多柔韌輕鬆想非出之沙土根材

古人私印曰某氏圖書某人圖書止用以識家藏之圖書而其他則否今人不解其義凡私刻印章槩以圖書呼之相沿不知其誤

陶九成說郛以一卷爲一号人或不識号字見遊藝音周

與韓通○
郭忠恕云小篆散而八分生八分破而隸書出隸書悖而行書作行書狂而草書聖以此知今之正書古所謂隸書今之隸書古所謂八分唐于隸書中別爲八分非古所謂八分也○

吳中人家計一歲食米若干石至冬月盡舂以蓄之名冬舂米盖舂氣動則穀芽浮起米粒不堅舂者多碎而爲糲冬月米堅折耗少故及冬舂之

今之鎧甲有紙造者以無性極柔之紙加工槌軟疊厚三寸方寸四釘如遇水雨浸濕銃箭難透又有棉造者以

棉花七斤、布縫如夾襖、兩臂過肩五寸、下長掩膝、粗線逐行橫直緊納、入水浸透、仍以脚踹極實、不令肼脹、烈日中曬乾、見雨不畏、烏鎗亦不能大傷。

古者賓得主人酒、則尊長一人舉酒酹地、故有祭酒之稱、惟祖道則主人自祭、今人席中皆行祖道之禮、誤矣。

覃鑵之人、能識地藏。持一鐵錐、長丈餘、隨地下錐、嗅其錐頭微染之土氣、即知有藏與否、且知所藏金銀銅鐵之多寡、然後肆力剖掘、不爽一二。

齒居晉而黃、晉人亦有齒白者、俗謂齒黃由于食棗、此言大謬。燕趙齊豫皆產棗、味美于晉、何以不誚齒、且齒黃

者又多不嚐衆之人更可笑

周文襄忱性詳密嘗爲册曆記災祥風雨與日所行事及當行而未行之事臨卧時前後檢點一翻庶無遺悞余近效之更於老年健忘相宜

古以六萬寸爲一畝方一步長五尺濶五尺計二百五十寸積二百四十步則得六萬寸然則弓法當以五尺爲正今皆六尺不知起自何時

相書云貴賤視其眉目貧富視其頤頰苦樂從其手足安否驗其皮毛數語甚覺有理然亦不盡驗

神光經僧一行著云凡驗吉凶者先澄心靜慮虔誠存想

觀此可知二卷大撓作甲子一條謂分屬五行起于後人未嘗

其所向之方、所謀之事、所干之人、存想既定、然後以兩手中指緊挾左右月窟、謂目背也、緩而搖之、其光白見、紅者黃者吉慶、白者虛驚、青者憂、黑者凶、無光者不日而絕矣。遇青時、急宜詳審停阻、隨機廻避、不可輕動、有轉禍爲福之喜。劉伯溫關占驗、旋於六壬課也。

近世卜者、多用京氏易、以納甲配支干、以生尅配六親、以時日配六神、以八宮定世應、推算吉凶、頗類子平之理、與古易絕不相通、而用屢屢應驗、愈于他術。

堪輿祿命、最不可憑據之術、大率因富貴後推隆其先塋、擬借其祿命、遇有不合、亦強爲傳會、而富貴者又貪求無厭聞譽竊喜人擬自擬遂而不覺。余祖塋邑南坪頭辛山乙向，術人云利寅申巳亥生人。先曾祖諱道巳，巳巳生，贈戶部左侍郎；先祖諱鐸，庚寅生，太學生，亦贈戶部左侍郎；先父諱所學，辛亥生，官唐縣知縣；先叔諱所知，甲寅生，官太子太保工部尚書；諱所行，丁巳生，丁酉舉人，官肅寧知縣；諱所樂，後巳巳生，庚子舉人；諱所蘊，癸亥生，官惇縣訓導，贈學士；見象顯，後丁巳生，丙戌舉人；姪方湧，後癸亥生，乙酉舉人；余甲申生，庚申恩選，皆符其說。獨弟胤謙丙午生，癸未會魁，官翰林學士，魏科清望，迺出寅申巳亥之外，則何也？今姪方㞐甲子生，官開

若謂人傑不本地靈恐非亦自一道

封同知夫生年何憑偶爾相合便神其說皆不足信

茶色白味甘鮮香氣撲鼻乃爲精品茶之精者淡亦白濃亦白初潑白久貯亦白味甘色白其香自溢三者得則俱得也余鄉僻遠精品罕至偶學士弟惠余以岕產見其枝葉粗大人多疑之不知岕屬長興兩山之介曰岕羅氏居之故曰羅岕又有洞山之岕產茶更勝其枝葉粗大者以彼中愛惜其樹近夏始採不忍乘嫩恐傷樹本耳

藏茶宜大甕底置箬封固倒放則過夏不黃以其氣不外洩也不宜熱處不宜見日不宜近諸香氣

今女子肩背近領處覆以錦繡盈尺以承其鬢若爲創製不知古人原有此物名曰承雲昔姚夢蘭贈東陽以領邊繡領邊繡即承雲也時俗亦間有模古處

物有相制之法姑記一二　油污衣滑石末隔紙熨之　血污衣嚼細蘿蔔旋擦即去　紙絹画上墨跡燈草漬水洗之　犀角羚羊角先鎊爲片置入懷中出碾易爲末　乳香先置壁隙中半日又取指甲一二片同擂不粘而易碎　兎絲子撚紙條數枚同碾則驟粘成粉　香附子先去皮毛炒過投水內浸透暴乾再微炒入臼即成粉　艾葉入茯苓三五片同碾則成末　缸裂縫

先用篐定置烈日中、以瀝青末摻縫內、用火鎔液入縫、不漏、　橙橘藏綠豆中不損、　收臘月氷雪水浸諸般青瓜菓可久、　鉛燒熱投酸酒中、則酸氣盡去、　墨汙衣杏仁半夏生白菓搗爛搽少時即去、　肥皂淹鐵索（醋胡桃塗鐵索、亦易擊斷、）過時可斷　銅以荸薺水煑可刻畫　黃瓜茄子用染房淋過灰晒乾埋藏可經冬不壞、　蛙鳴以芝蔴稭磨碎順風撒去即止、　駝糞煙可殺蚊蟲壁虱、　珠子不宜近鐵器桕水尸氣糞氣故婦人戴珠弔喪多爆碎、木槿葉搽汁浸絲絡則不亂、　雞鴨以土硫黃研細拌喂最肥、　鹽酒蟹每罎加皂莢半挺經歲不壞、　以艾

菜投燕巢不復來　青石以蘆束置上碎　牛骨置池
中水不濁　研芥子入豆醬不生蟲　赤豆湯洗色衣
垢　造酒麴𪎭一斤露一月釀酒清甚　藏窖中被烟
薰燕蘿蔔汁可解　毛衣置密器不通風則不蛀　生
薑擦燈盞不生暈　鹽置燈盞可省油　一香油內少入
鹽入油燈亦耐點
一桐油則耐點　搗桃杏仁連汁投入渾水中則水澄清
以麵撈入渾水亦能澄清
余少聞人說嶺南人以檳榔與石灰同嚼甚至口中流血
惜以禦瘴後從家大人遊宛見滇南劉雲從廣文始知
檳榔味澁以扶留藤古賁灰相合嚼之先吐去紅水一
口方得滑美古賁灰即蚌蠣灰非石灰也人見其咀嚼

而不之詢問疑白者爲石灰紅者爲流血殊可笑

粵廣人偏嗜檳榔羅景倫謂其醉能使之醒醒能使之醉飢能使之飽飽能使之飢而不知疏降日久大耗眞氣今遍天下皆服烟草嗜之者日數十次稱讚其美政如羅之讚檳榔者然烟性能汗能吐能利膈導滯解勞消水化食似有微功而耗氣助火令人頭眩目昏牙痛足痿則功不敵過且於高年人氣虛人更不相宜余嘗曰檳榔遠瘴無瘴而服之徒損氣也煙草解勞未勞而服之亦徒損氣也天下之物天下人之嗜好恰相齊者莫如此二種

龍骨多出晉地山巖水岓土穴中往往有之或以爲龍死或以爲蛻骨本草兩持其說按造化權輿云龍易骨蛇易皮麋鹿易角蟹易螯由此觀之蛻骨之說爲是

鰒魚即石決明之類古人珍爲奇味價亦不貴石翁自寧前歸携贈親友云近日生產視昔頗多人誤讀鰒作鮑音縉紳中亦有訛稱之者姚園客撰露書徑書爲鮑魚可哂也

樹之壽者莫如銀杏俗名鴨脚子數十年始結實花夜開或云雌雄相對或映水始花亦有取別樹結實枝接之者金陵有六朝人所手植余室人栗種其子於庭內今

將三十年。粗不盈握。室人捐棄、余安能待其結實也、
大樹有神。其影多遠照。數十里外。邑西關廟中栢樹、照北山一農家壁上、其家衣食豐足、俗云影能益人、或然、
三月上旬、斫取果木好直枝、如大拇指粗、長五寸許、納芋魁中種之、或大蔓菁根内亦可。勝於種核。三四年方能長及。
蔦蘿。寄生類也、植者爲蔦。蔓者爲蘿。諸樹皆有寄生、惟桑者、安胎去痺、醫方重之、桑必數年不采、生意濃厚方能長此、他樹寄生、形雖相似、不可用、
菌。味甚美、人多嗜之、然菌之長大與形、每感虺蛇之氣、不

可輕食古人中其毒者屢矣凡煮時和燈心草或以銀簪淬之燈心銀簪黑者即有毒不可食或以薑屑飯粒同煮驗之

椰木所生之菌俗曰椰莪味最香美生生編云椰莪補胃木耳衰精蓋言老椰之莪能裨益胃土木耳朽木所生得一陰之氣衰精冷胃宜也榆柘槐檀皆有耳性各從其本木然皆有理血之功而易動風氣發痼疾俱不及椰之所生

天下名山皆稱聖燈或疑山靈變幻後見人云遇木葉濕爛生光如螢火蟲夜明柴之類似覺有理今好事者詫

以得見爲奇不知析城王屋之間積雨後山人恆見之

凡人家地上生芝皆訝爲瑞余歷驗之或其地先有瘞藏美木或木屑遺聚之處日久濕氣薰蒸發形爲之自是濕生之常與其家吉事偶會便以爲祥兆實附會者倡之

枳椇俗名木蜜又名拐棗邑南山谷亦有之形屈曲如珊瑚味甘如蜜每開岐盡處結一二小子如蔓荆子狀禮云婦人之贄椇榛脯修即此能解酒毒酒近其木即味薄不可飲飲酒後宜食之陳眉公書蕉中記此未詳因筆之

君遷子見左思吳都賦平仲君遷即吾邑之軟棗也梁漢
柿實類牛奶乾熟則紫黑色類葡萄中多核亦有無核
者救荒本草以爲羊矢棗誤矣羊矢棗亦棗之類
文官果余邑最多極易生植以其皮易開裂俗謂之迸核
中仁鮮食甘美陳久則稍帶回味露書云鮮食如嚼蠟
乾方香美想未多見又疑蘋果爲柰不知柰原多種來
禽椒子頻婆大小赤白不等皆柰屬關西以赤柰擣汁
暴乾傀遠形如油紙味甘而酸名曰果單往往食之不
知其柰也
盧諶祭法云春祀用棗油棗油之法取紅軟乾棗水煮漉

出砂盆研細布絞取汁塗盤上曬乾其形如油刮取收之每以一匙投湯盌中酸甜味足即成美漿用和麵炒最止飢渴益脾胃果之佳品

冬瓜下氣性走而急患熱者食之佳患冷者食之則體漸損瘦凡癰疽發背削一塊置瘡上熱則易之能消散熱毒氣其瓤謂之瓜練白虛如絮可以浣練衣服其子謂之瓜犀在瓤中臚然成列亦可食

周顒云春初早韭夏末晚菘菘即今之白菜冬日壅培窖中名黃芽菜亦如韭黃二物正可作對山中珍味也

慎侍御書問王介州晏殊庭莎記莎是何物王答云莎草

即珍珠船所謂葛仙翁搗藥鳥俗名爲禪槌虫者是也

也又樹也似桄榔答亦溷溷莎草即藥中香附子苗可爲笠及雨衣疎而不沾亦作蓑字因其垂緌如孝子之衰衣又從衰其根相附連續而生可以合香故謂之香附子即古雀頭香也

聰戶屏榻之間靜時每聞響聲丁丁如伐鼓如敲砧如風吹格紙或斷或續若有若無着意尋之不得其處俗疑爲鬼魅以其聲之雙单疎密爲卜吉凶余嘗潛察之見其蟲小甚形如蟣蝨白色以兩角抵觸爲聲聞人語輙隱避以形小多不能見

螢火蟲腐草所化别有一種形如蠶喉下有光夜行地上

名宵行蟲亦卑濕之處腐草所化濕爛之木亦能光耀如螢火名夜明柴越數日曝乾則光晦矣水中亦有水螢名蚈

俗說蜾蠃取螟蛉負之七日而化爲其子嘗取蜾蠃之窠細觀之迺自有卵細如米粒寄螟蛉之身以養之螟蛉不生不死蠢然在穴久之螟蛉枯朽其卵漸長乃爲蜾蠃穴竅而出此物不獨取螟蛉亦取小蜘蛛寄卵於蜘蛛腹脇之間蜘蛛亦漸枯朽而卵成蜾蠃矣

明末忽然蟯螂之種斷絕千里入秋四野杳不聞蟬聲以無蟯螂鮮所脫化故也歷數年道途間覓一蟯螂不可

詩不知何故。

硯。宜日日洗滌，方墨光瑩潤。積久不洗，則膠泛滯筆，且能損硯精彩。凡洗不可滚湯及故紙揩抹，或絲瓜瓤，或半夏芘，或蓮蓬殼，皆可。磨墨更忌熟水、茶湯。筆亦宜隨使隨洗，否則墨膠黏結，再使時驟不可開，致令毫折，不能久。

硏。歙、端溪、龍尾、翠環、金星，題品各別，然北地亦有美石。余嘗以沁水東山之石命工修治，堅潤發墨，與歙產幾無辨。惜地僻鮮知，且乏良工利器，攻琢費力耳。發墨之說，余初不解，謂爲下墨。後見蔡君謨說，驗試始知石理之

磁則俗多用錫作豐氏作床訣失

粗而有鋒者皆能下墨不惟損筆且礙墨以質燥之故

發墨者堅細潤澤研磨良久金華燦然如漆如油善起

發不凝滯能發墨未有不能下墨者石中有火石滑磨

久則兩剛生熱多作泡沫以耳中油垢彈入米粒大泡

沫即開散不纏筆

犀盃喜潤惡燥俗以蜜塗之更速於壞且日久不襯更防

蟲蛀近聞南人說宜潤以松子油盛於瓦器最忌盛茶或云只可注黃酒忌見火酒一見即皮皺皺裂

一見茶必迸裂以茶性燥故也亦忌錫器

火藥停久回潤以焰硝之鹹未經煑煉故也先將生白蘿

蔔切碎同硝用水煑去其鹹只取用鍋上浮面白花負

不回潤椰柴灰用春月直枝去皮燒掩存性方直射有
力其方每焰硝一兩硫黃八分椰灰三錢二分遇逆風
量加江豬骨灰要杵極細清水丸如豆大臨用搗細入
銃若散藥貯罐日久便硝黃沉下椰灰浮上用之不靈
矣
冬月花瓶注水多凍破以爐灰置瓶中則不凍或置硫黃
亦得

容安齋蘇譚卷之九終

譚詩

詩凡格調音律皆易東人才思才之短者不能歌行才之
長者亦不能騁其才於古詩近體余獨取白居易之長
恨歌琵琶行元稹之連昌宮辭宋之問之明河篇龍門
行李白之蜀道難等篇另錄一冊置之案頭以起余爽
薾蕭颯之氣

詩不過寫情繪景遇淺學拘泥如五言律則前起後結中
二句言景二句言情以爲合式不太膠執乎若巨家老
手多情中寓景景中含情錯綜變化合璧貫珠不拘拘

此例、方爲杰作、

文人侈其才、至有一詩百韻者、然其間不無字意重複、即梁天子美、尚有遺議、近日王元美挽李于鱗、愈增其韻、自謂留意撿點、不蹈此病、然詩貴語精味雋。亦何必煩言乃爾。

詩家云、五言古、難於七言古、七言律、難於五言律、五言絕、難於七言絕、夫詩亦何難易之有、各隨才情所近者、難易之耳、楊沁涓給事、每同坐拈韻、輒曰各賦五言律、不律以爲易乎、以爲難乎、

人解詩云、關干爲多、龍鍾爲老、證之唐詩、似不盡然、內

諱字失

鄉李子田翰林誦吾邑與先大人諱詩偶及此日閒有横斜殘謝之意龍鍾兼蹉跎偃蹇之意李名藝中州文人老大人少年時曾遊其鄉

一舜丞題壁云碌碌庸庸馬蹄間朝來直到暝時閒誰知夢裏猶辛苦千里家山一夜還今之游宦遠途者亦可悲矣

一人題樵夫圖云昨宵雨過蒼苔滑且慎巔崖險處行題漁翁圖云莫騁輕舟釣明月江湖日夜有風波皆有警世意

古詩云君不見河陽花今如泥土昔如霞又不見武昌柳

春作青絲秋作帚人生馬耳射東風柳色桃花豈長久
秦時東陵萬戶侯華蟲被體腰蒼璆漢初沛邑刀筆吏
折腰如磬頭搶地蕭相微時謁邵平中庭百拜百不屑
邵平後來謁蕭相故侯一拜一惆悵萬事反覆何所無
二子豈是大丈夫窮通流坎皆偶爾摶扶來必賢捨揄
華胥別是一天地醉鄉何曾有生死儂欲與君歸去來
千愁萬慮付一杯人生升沉顛躓何可認定彼倚勢凌
人若亦未之思耳
鄉紳某侵細民之田或賦詩投之云一年一寸苦相侵一
尺須經十數春若使百年侵一丈世間那得百年人恭

見而焚之。

一詩云，三過門中老病死，一彈指頃去來今。一詩云，老病已多唯欠死，貪嗔雖盡尚餘癡。讀之有無限感慨。

織婦詞云，白露濕衣草蟲唧唧，老婦田間夜夜紡績，達曙猶聞機杼聲，衰年辛苦何時極，初三初四月初見，連宵坐待月如練，木棉花少筋力衰，七日促成一疋半，見啼飢女號寒，里胥到門横索錢，機杼倚壁淚雙漣，此淚陽

李先芳詞也，可與石壕吏同讀。

馬蔭周詩云，小憩莫聽黄鸝語，踏落荆花滿院飛。又一詩云，眼前有子又見弟，留與兒孫作樣看。皆可以啓人友

二風字
痛
徵言爲
論昔人
謂詩不
可鑿空
妄作待
境而爲
之自工
亦是此
意

于之愛
咏貓詩云口角風來薄荷香綠陰庭院醉斜陽向人只作
猙獰勢不管黃昏鼠輩忙古人養客乏車魚今爾何功
客不如食有溪魚眠有毯忍教鼠嚙案頭書碧眼烏圓
食有魚仰看蝴蝶坐階除春風蕩漾吹花影一任東風
鼠化鴽三絕各有深思
作詩要有真性情勃不能遏方可下筆今之爲詩者出於
勉強酬應及着意模倣處快樂而歎窮愁而離齊而寫
山木不老曰老不病曰病如強哭假笑安得有至語
詩體漢末有建安魏有黃初正始晉有太康劉宋有元嘉

齊有永明、又有齊梁南北朝、唐有初唐盛唐、大曆元和、晚唐、本朝宋有元祐、江西派、各體、又有蘇李曹劉陶謝諸人體、栢梁、玉臺、西崑、香奩宮體、古詩近體、門類甚衆、初學多不能詳其世代、因與同社議及、漫識之、

東坡白鶴觀碁聲詩云、五老峰前、白鶴遺趾、長松蔭庭、風日清美、我時獨遊、不逢一士、誰歟、碁者戶外屨二、不聞人聲時聞落子、叙其寂寞寥落之味、殊覺雋永、

樂天題一磐石曰、清冷可愛、支體甚適、便是白家夏天床席、本登山、見平坦巨石、輒盤礴移時、留連不忍去、每憶白家之語、

一緇綈座右銘凡使童僕耳聾其半先顧饑寒後從使喚
置腹推心合離萃渙情恕才原人子可念待使且容稍
疑即換勿遲鞭箠恐生他變
韓生曰居閒食不足從仕力難任兩事皆害性一生常苦
恐若居閒食足謂之清福尋常人豈能消受
容安齋棲廛市室僅三楹室前一廊不盈丈廊外東西隙
地各五尺碧梧一株綠以短垣余日夕鍵戶獨處其中
旁無從侍筆研之暇或散步廊中或俯聽樵上升沉顯
晦泊如也有詩云懶性癖卧遊結廬負廛陌聲囂不聞
耳若爲慰蕭索翻恩眞隱淪何必在泉石靜裏能參禪

壹亦堪鍊魄，山僧藥青桐，斐几擁素册。諸子可代耕，寬我事豫積。升斗雖可干，其如愛駒隙。巧拙不同途，恬躁各自適。

禮云：六十杖於鄉，養於國，宿肉，賴指，不親學，不與戎，居喪不毀。古之優老如此。今一切細瑣皆將來老人，老人亦不知自爲珍愛。梁范泰詩云：白髮飄幹吝，若虛樓櫳抱二語，令人隕涕。

亡室柴孺人，柔順貞靜，博學能文，與余相敬如賓。四十餘年，不見喜愠之色。一疾長逝，老而喪偶，傷之如何。入其故居，感而悼之。詩曰：畫棟挂珠絲，雀鼠紛庭張，蛩妾入

空廊腸斷淚如雨結髮成伉儷鶼鶼比其羽梁孟與鮑
相恒道不足取猶從薄桑榆一旦分今古謦欬杳難追
過失憑誰補冷睡聊四壁顯雲銷殘篇游魂戀故寰
棄棲衡宇老人易辛酸獨境摧肺腑奚爲昔無歌莊盆
今忽鼓六十二云非歎其奈生者苦救逝令我悲我逝汝
焉覩後先能幾何嗟哉同抔土
長夏不雨乞禱占驗無所不至偶覽范石湖古兩詩因錄
之朝霞不出門晚霞行千里飛雲走羣羊停雲浴三豕
月當天畢宿風自少女起爛石燒成香汗礎潤如透
婦鳩能獨穴居狸畫從蜉蝣須知時晰蟻與鬭蛙埋鳴

東山鵝堂集南柯螘上、日出早歡驚、月仰兎喜、或偃鼠不鞭、或議陽門壘、或云逢庚變、或云換甲始刑鵝與象、龍聚訟、非一理、何若老農言、俚淺可憑倚、

近見一詩云、人生七十古稀有、處世誰能歡長久、光陰恰似過隙駒、綠鬢看看成白首、賢愚勝負亦等閒、幾人買斷鬼門關、不將歌舞傾尊酒、徒費鉛砂學煉丹、白日飛昇無此理。畢竟有生定有死。眼前富貴一抔土。身後功名半張紙。古稱彭祖壽且多。八百歲後還如何。勸君有酒舞且歌。窮通夭壽總由他。詩雖淺、但可以箴世、余從不喜飲酒、力不能養歌舞、且歌舞亦是非煩惱之藪、於

老人更不宜止有憩下凉颸，枕邊皓月，焚香煮茗，閉戶讀書，優游餘年耳。

偶見楹聯云：閒裏春光那裏知，他忙裏去；夢時好景幾時逐我醒時來。又聯：平生戀我無如枕，凡事輸人不但棋。余終日坎坷，雖夢中亦無好景，且憂思展轉不得甘寢，即一枕何嘗戀我哉。

余從先大人赴洮陽，見驛舍一聯云：三岔驛，十字路，北去南來，幾朝暮朝，見揚揚擾擾，來暮看寂寥，回車去，今古銷沉名利中；短亭流水長亭樹。

華亭張悅嘗揭于座右曰：客至留飯，從儉率真，簡隨有而

設酒稱量而傾雖新親不可撿飯雖大賓不宰牲匪直戒
奢侈而可久亦將免煩勞而安生在小人謂之過嗇在
君子謂之近情
釋如曉題其居曰閑閑吟曰祇有白雲閒不得時時出沒
萬峰頭余謂出沒萬峰正是白雲閒處若遇雷轟雲走
黯空如漆猛雨如注此時車馳浪湧雲安得閒雲閒勢
在二句字
兄弟乖嫌多因妻妾傾構何尚書文淵嘗判溫州朱氏兄
弟爭訟之牘賦一詩內有祇緣花底鶯聲巧致使天邊
雁影分之句朱兄弟感泣稱謝後號義門余謂人家若

有賢淑婦人，縱遇鬩墻之變，必能調劑規勸，不至大傷恩義。因憶亡妻栗在日，内外無間言，余受其惠而莫之覺。

粱張瓚《妬婦賦》云：忽有逆其妬鱗，犯其忌獨，赴湯蹈火，瞋目攘袂，或棄產而焚家，或投兒而害婿。粱抵今千餘年，寫妬婦之容如畫。

沈潤揚公秋杪入城，見枉，余邀遊西園觀水，公呼舍弟子韞同飲，各賦詩紀事。園舊為太宰王公，今屬鏻雲石公。

沈潤詩曰：不啻入城市，君家如在鄉。索丘中慶日黍，從外無奇暴，能以忍嫌地，得移倚樹澗同聲，有令弟為我吟

窺園其二曰滄桑方歎昔秋水忽如今問主既爲石作
闞即是金問渠分沼遠飛瀑向溪深洲島何年就勞勞
一片心了盦詩曰近郭秋仍在霜林一一紅緒風高響
落寒水濕光融好客能乘興玄言若發蒙夕陽波愈瀾
朗朗見胸中其二曰泉流寒不減難值此空明一日秋
冬際兼人丘壑情莫愁山展折更繞石粱行把酒看魚
食波間微月生余詩曰穿徑偃蓬蒿停驂問水皋波光
侵綺席冷色戀綈袍白簡中猶熱滄洲道轉高那堪搖
落候相對話風濤其二曰紅葉漫霜天寒蟬隱樹巔雲
粱斜抱石水檻曲含烟垂老交情重當流醉影偏言歸

頻返顧、不是飏林泉。

李方伯公彖子僉憲公可久、累世濟泉、鼎盛吾陽、數十年問田宅蕩爾、畧盡。藐山與李有中表之戚、一日經其故居、賦詩曰、喬梓喜蟬聯、相看能幾年、貽謀開甲第、留眼到曾玄、譜牒憐香火、絲綸守墓阡、後來居此若、瓜瓞定綿綿、又曰、燕翼垂千禩、兒孫鮮半椽。閣連星可摘、壁鑄鐵爲堅、當日無今想。他時似此年。願言諸長者。物類尚相憐、歷今曾幾何時、而藐山祖孫南畄、哲嗣就淪、回憶前詩、能無悵惘、

余春日過虎谷園、公喜曰、此會不可無子門蓋流伸、墊使人

招之、次日皆至、公開筵命伎、暢飲數日夜、偶散步西廊、公曰、忽得風醒椰朝眠句、苦無對、子盍應聲曰、露存花夜氣何如、公擊節稱善、旋入書室、取金箋題一詩云、露存花夜氣、風醒椰朝眠、物態固如此、幽懷多所懸、煙蘿丘壑裏、喬梓兄弟前、不說友聲好、寧徒文酒緣、今其詩具集中、

杜詩、失學從兒懶、家貧任婦愁、又云、用拙存吾道、幽居近物情、又云、薄劣慚真隱、幽偏得自怡、又云、漸喜交遊絕、幽居不用名、數語皆若爲余遺意、

余家香山公詩文清真曠達、無論識不識、皆愛之、嘗見玉

屑中一詩云羲和走馭趂年光不許人間日月長遂使四時都似電爭教兩鬢不成霜榮銜枯至無非命壯盡衰來亦是常已共身心要約定窮通生死不驚忙余老來每諷此詩以自遣

一尚書與一孝廉園相近百許踰之孝廉一日立券送尚書後題一詩曰乾坤到處是吾身機械從來未必眞覆雨翻雲成底事清風明月冷看人蘭亭禊事今非晉桃洞仙人昔笑秦園是主人身是客問公還有幾年春尚書慚甚亟返其券

宋少宰彭䗖與衛桐陽司馬交厚司馬官留都少宰迎之

喜曰余與公性情相近宦轍亦安得相違在南中候虫
騎久矣因以風箏詩呈司馬曰自負雲霄早致身安排
線索費他人摩天手段乘風展掉尾精神逐日新嚮邇
觀瞻喧里巷終嗟破碎委埃塵蹤來曳去成何用懸而
淋頭斷送春司馬亦和一首曰樹腔憑綫競高危笑笑
人間鬬小兒無樣得遊驕燕雀幾番翻棘入棠梨俺看
颺去情如紙强與爭將命繫絲莫得風光都使盡春風
亦有下場時二詩皆有味
八公叢談載九老會耆英會二記余喜温公詩云隨家所
有自可樂爲具雖微誰厭貧豈待珍羞羞方下筯只將佳

景便娛賓、會約序齒不序官、雍容閒適、見太平老人光
景。
張侍郎師錫有老人詩五十韻、錄其數聯以擬聞、其髮盡
皤、然頭垂、欲卸肩、嚏方離榻、上扶始到門、前宴坐癡凭
几、乘騎困鞞鞭、頭搖如轉旋、唇動若抽牽、足冷猶離火、
牙疼怯漱泉、坐多茵易破、行少履難穿、膠睫乾眵綴。冰
髭冷涕懸。房教深下幕、寢遣厚鋪氈、食罷羹流袂、盃餘
酒滿涎、耳聾如塞纊、目暗似籠煙、裹帽縱橫掠、梳頭髦
細纏臍、覷多眩暈、引動即昏旋、怒僕空睜眼、嗔兒漫提
拳。呻吟朝不樂、展轉夜無眠、呼客臨床畔。看書就枕邊。

鷄皮壘旋潰醜齒食頻填徑狹呼停騎增危索減磚長鐙
呼追往事偶感聽哀絃無病偏供嘲非寒亦着綿壹蓬
稍纖衾羞赴妓歌筵慨歎桑榆日漸欲灩柳年辭愚甞
弱冠悔不賸狂顛
拜仲父尚書公墓哭之以詩曰家聲誰可繼零落向山丘
千秋留傳史藝卷付箕裘舊第門羅雀新阡草卧牛滄
桑那足論揮涕過西州其二曰愧我稱猶子相期篤仲
容空庭摧樾蔭斷隴繡苔封肥羜將誰速羅囊任自從
朦朧秋夜月凄切泣寒蛩
余閉戶來過親知在仕途者書翰見枉懶於裁答聊覺疎

簡偶覽白樂天一絶云豈是交情何我疎老情自愛閒
門居近來漸喜知聞斷免惱嵇康索報書
游元封題梅花帳云寫就寒梅挂竹床筆端飛雪夢中香
呼童輕拂瀟湘簟恐有殘花落枕傍余見帳懸馬仲艮
書齋
文章貴有真情興勉强效顰便索然無味如蘭亭修稧當
時不能賦詩罰酒十有六人王獻之亦在罰中朱彝堂
修永和故事有詩云一泒西園曲水聲水邊終日會冠
纓幾多許筆無停綴不似當年有罰觥爲獻之等發也
獻之文章豈不逮今人甘心受罰正其高處

貧富更代無常田產亦轉徙無定有笑人彌產者或因
諺詩答之曰負郭平田倚市儇前人辛苦後人收後人
收得休看定還有收人在後頭
泊水齋詩坦之敘泊水引愚溪作譬逾藏而坦之殁余因
憶劉禹錫悲愚溪詩曰溪水悠悠春自來草堂無主燕
飛廻隔墻唯見中庭草一樹山榴依舊開柳門竹巷依
依在野草青苔日日多縱有鄰人解吹笛山陽舊侶更
誰過使人泫然隕涕
兄弟一倫無君父之嚴妻友之狎較之五倫中最易敦篤
古人每後言友愛而今乃不啻路人且讐敵之矣受屈

於他人或甘心受屈於兄弟則不甘他人富則不妒兄弟富則妒之農夫俗子猶念孔懷何以搢紳之家同氣操戈借援妻黨天親按劒啓釁宵人余最所不解諺詩云同氣連枝各自榮些須言語莫傷情一回相見一回老能有幾時爲弟兄或曰相見時不知費幾許躊躇幾許彌縫也可悲可歎

歐陽公詩云晚知書畫眞有益却悔歲月來無多余晚始慕荆浩關仝之畫歐陽詢父子之書惜不能學付之一歎

張謂詩曰世人結交須黃金黃金不多交不深縱令然諾

暫相許終是悠悠行路心朋友一途以黃金爲膠漆亦以黃金爲戈矛余痛懲澆薄終日塊處一室圖史其侶和也筆墨其樽罍也散步高枕其讌遊也稍覺幽悶時亟取劉孝標廣絕交論快讀之

樂天自警詩云蠶老繭成不庇身蜂饑蜜熟屬他人須知年老憂家者恐似二蟲虛苦辛樂天無子顯貴尚有憂家之念余少處豐溫老而乖蹇六十歲後即不問生産日就貧窘罔計也樂天以爲何如

吳伎綠小玉立夏前一日詩云低低問春色明日歸何處是爾帶愁來何不將愁去小玉著有𡡉嬛集

范少參長倩少年時才奇貌古徐京兆有女任字小淑博學妍秀擇壻難人一日置學童數人課藝於前令小淑評品獨把玩長倩牘不忍釋京兆曰惜范生貌不稱奈何小淑曰人在心中不在貌中因配長倩後夫婦倡和倩詣甚篤小淑不但文藻且具卓識著有緯絡吟四冊內春思賦並篤王庾惜長篇難載僅錄其寄妹二絕江上春風一葉輕停橈不敢問前津山深自是無楊柳折得桐花寄遠人又木落西風萬壑幽忍將離思爲卿留碧雞關外淒涼月偏向滇雲夜夜愁壻隨長倩提學雲南

趙凡夫妻陸氏字卿子著有考槃玄芝二集楊沁湄綸重春差過其地聞凡夫名造訪傾蓋歡洽因出似二集楊旋里得讀之有山中億范夫人范郎小淑詩云相送還憐踏雁沙相思何處望天涯無情最是溪頭月獨照寒梅一樹花范趙兩內子擁奨中雙秀以詩文相友善

小青揚州人才倩冠世以妬死錄其詩云新粧竟與畫圖爭知在昭陽第幾名瘦影自臨春水照卿須憐我我憐卿

人之鬚鬢多有壯年早白者或鑷而去之或藥而飾之不勝煩苦錢塘一女子朱佳英嘗有詩曰白髮新添數百

堇幾番拔盡白還生不如不拔由他白那得工夫與白
爭女子尚不餙貌况巍然丈夫者乎可以醒世
綴芳集佞李淡如著曉春詩云漫空小雨細于塵杜宇聲
催柳色新莫道落紅無意緒撲簾偏惹惜花人春愁詩
云小池新浪下融泥暖日曈曨照画邊無奈東風交不
得吹愁只遣到深閨
惜人達觀推爲縉紳推重御史某時有外轉消息一近臣
爲某畫策須尋一奇異名目發動聖心者入告庶幾可
免某遂乘妖書之事疏恭達觀在獄中不勝拷掠作
閒訴偈云證王問法忽齊年自知觀河見不遷我有壓

根聽夜柝却沉豐蔀更冷然又云柝聲未斷鈴聲續譙
是聲兮誰是聞却憶法堂鐘鼓候古來魂夢更紛紜齋
瘐死獄中人皆冤之然達觀之燈蛾投火與卓吾李翁
實同一轍
集古詩始自王介甫後人效之遂備詩家一體近日唯蒲
州韓宜生爲大學士象雲公嗣子最工集句嘗見其詩
如雲生澗戶衣裳潤風帶潮聲枕簟凉已被詩魔長役
思每因風景却生愁漢家簫鼓隨流水晉代衣冠成古
丘壺觴須就陶彭澤勳業終歸馬伏波秦女峰頭雲欲
盡仙人掌上雨初晴休將世路悲塵事且盡芳尊戀物

華、霜草蒼蒼蟲切切、星河耿耿漏綿綿、天香月色同僧
室、楓葉蘆花共客舟、雪山童子應前世、金粟如來是後
身、休論世上升沉事、且養丘中草木年、夢寐幾回遊蛺
蝶、煙波無計學鴛鴦、莫將明月爲儔侶、別有煙霞似弟
兄、兩鬓不須悲歲月、一枝何足計行藏、等句珠聯璧合、
一派渾成、和璞隋珍、八方輻輳、余每服其搜羅之富、拮
据之工、較之隨興自賦者更難。
余聊藉無聊、集樂天絕句數十首、今錄其四、擬作聞人過
此生、龍門下作一春能幾日晴明、對酒五首之四薺花榆莢深村裏、
春窗夢覺歎不到情、城東閑遊莫計恩讐淚苦辛、[illegible]夢二首之[illegible]

北首一
字泥節

攜青竹杖隨身行偏不愁秋月春風夜酒家應被山呼作絲
人詩思憶寺自鄉情冷似冬淒僧後戲題深火爐前一盞燈竹樓寄
莫道無人身不棧答皇帝監前生應是一詩作詩愛詠螢飄葉
墜雨床前孰索風涼是秋陰欲雨天隱閒過酒逢花還且醉
曲江有感莫辭送老二三年花下酒

容安齋詩集卷之十終